Reinhard Rohn lebt in Köln und war über 25 Jahre als Lektor und Verlagsleiter im Berliner Aufbau-Verlag beschäftigt, ausgestattet mit einer Bahncard 100 für die zweite Klasse. Er hat bisher über 20 Kriminalromane veröffentlicht. Über seine Erlebnisse mit der Bahn hat er bisher hartnäckig geschwiegen.

Mawil ist Comiczeichner in Berlin. Seine Comics erscheinen im In- und Ausland, er zeichnet für Magazine und Zeitungen wie den *Tagesspiegel* in Berlin, lehrt als Dozent, und manchmal liest er auch aus seinen Comics vor.

Zugausfälle, Böschungsbrand, Personen im Gleis, defekte Klimaanlagen, Umleitungen – in den 25 Jahren, die Reinhard Rohn zwischen Köln und Berlin pendelte, hat er fast alles erlebt, was man sich an Bahnerlebnissen denken kann – und auch noch ein wenig mehr. Absolut unterhaltsam und mit freundlicher Gelassenheit beschreibt er, wie man all diese Missgeschicke überlebt – und doch ans Ziel kommt, wenn auch nicht pünktlich und nicht immer auch dahin, wo man ursprünglich hinwollte. Und auch einige Rätsel werden hier gelöst, etwa, was eine Steckdose im ICE mit Schrödingers Katze zu tun hat, warum Wolfsburg nicht existiert, welche Gefahren ein Hurrikan über Hamm mit sich bringt oder was Schnee in Leipzig Hauptbahnhof für Reisende bedeuten kann. – Aufregende Bahngeschichten von einem leidenschaftlichen und leidgeprüften Bahnfahrer!

Reinhard Rohn

Kühe im Gleis

Meine aufregenden Abenteuer mit der Bahn

Illustriert von Mawil

kanon verlag

Das Dampfroß

Mein Dampfroß, Muster der Schnelligkeit,
Läßt hinter sich die laufende Zeit,
Und nimmt's zur Stunde nach Westen den Lauf,
Kommt's gestern von Osten schon wieder herauf.

Aus: Adalbert von Chamisso, »Das Dampfroß«,
1830 – verfasst fünf Jahre bevor in Deutschland die erste Eisenbahn fuhr

Der Bahnvorstand

Der Bahnvorstand des kleinen Orts
bedünkt vom Rang sich eines Lords.

Ein Vororts-, Fern- und Güterzug
zu gleicher Zeit (!) – das ist genug.

Er streckt die Hand vorn in die Brust
und blickt mit wahrer Feldherrnlust.

Er steckt den Arm bald her, bald hin:
Sein Leben hat nun wirklich Sinn ...

Zum Größten sprach sein Herz nun: »Komm!«
Er ist ein Mensch; voilà! un homme!

Christian Morgenstern, »Der Bahnvorstand«,
aus *Galgenlieder*, 1905

Pardon, ich bin Bahnkunde

Vorweg – die Bahn ist ein phantastisches Verkehrsmittel. Weder mit dem Auto noch mit dem Flugzeug gelangt frau oder man so bequem und umweltfreundlich von A nach B. Der Reisende kann arbeiten, lesen, schlafen (Bitte mit geschlossenem Mund!), aus dem Fenster schauen, essen (Es muss ja nicht immer gleich ein hartgekochtes Ei sein.) oder seinen Gedanken nachhängen. Was in Deutschland am 7. Dezember 1835 mit der ersten Eisenbahnfahrt von Nürnberg nach Fürth begann – es waren etwa sechs Kilometer –, könnte eine einzigartige Erfolgsgeschichte sein, aber leider fühlt es sich, auf kalten Bahnsteigen stehend, mit bangem Blick auf die Anzeigentafel (falls sie funktioniert), meistens ganz anders an. Gedanken an Glück, Entspannung, Reiselust etc. tauchen selten auf, wenn man sich fragt, ob der Zug überhaupt kommt, was es mit der veränderten Wagenreihung auf sich hat oder warum der Ersatzzug nur aus der Hälfte der angezeigten Waggons besteht.

Mehr als 20 Jahre lang hatte ich das oftmals zweifelhafte Vergnügen, zwischen Köln und Berlin zu pendeln – Bahncard, zweite Klasse, Preis zuletzt über 4.000 € – und auch sonst in ganz Deutschland auf einem Schienennetz, das knapp 40.000 Kilometer umfasst, unterwegs zu sein. Von diesem zweifelhaften Vergnügen handelt dieses Buch. Meine Erlebnisse sind gewiss anekdotisch und weisen doch über sich hinaus, und ich bin sicher, viele Leserinnen und Leser werden sich in meinen Abenteuern in der einen oder anderen Form wiederfinden. Insofern hat die Lektüre vielleicht auch etwas Tröstliches. Wir Bahnkunden sind in unserem Unglück nicht allein. Nein, wir sind viele missverstandene, enttäuschte, unglückliche Bahnkunden, die sich wünschen, dass es nicht – wie von der Politik angekündigt – bis zum Jahr 2070 dauert, bis wir eine halbwegs verlässliche Bahn bekommen sollen. Oder wie sagte ein befreundeter Autor, mit dem ich mehrmals per Bahn auf Lesereise ging (und ja, wir haben trotz Schwierigkeiten nie eine Lesung verpasst): »Wir lieben die Bahn – aber, leider, sie liebt uns nicht.«

Mein unbekannter Freund in Oebisfelde

Man tut Oebisfelde vermutlich nicht unrecht, wenn man das Städtchen nicht als Nabel der Welt bezeichnet. Oebisfelde liegt an der Grenze von Niedersachsen zu Sachsen-Anhalt, hat knapp 5.000 Einwohner und wurde im 11. Jahrhundert erstmals urkundlich erwähnt. Zu DDR-Zeiten befand sich der Ort im innerdeutschen Grenzgebiet, was mit zahlreichen Einschränkungen und Unannehmlichkeiten für die Bewohner verbunden war. Schon in der zweiten Hälfte des 19. Jahrhunderts war Oebisfelde ein Eisenbahnknotenpunkt – und nun war es wieder von Bedeutung, wie ich an einem Montagmorgen leidvoll erfahren musste.

Der Sprinter war ohne Verzögerung um 6 Uhr 17 von Köln gestartet – einer pünktlichen Ankunft in Berlin stand eigentlich nichts im Wege (Nein, sorry, das darf man nicht so leichtfertig hinschreiben – irgendwas kann auch 500 Meter vor dem Endbahnhof im Wege stehen und dafür sorgen, dass man mindestens eine Stunde zu spät kommt. **BAHNREGEL 3:** Ein Ziel ist erst dann wirklich erreicht, wenn man am Zielbahnhof ausgestiegen ist.), bis wir Reisenden kurz vor Hannover von der Existenz Oebisfeldes, genauer gesagt vom dortigen Stellwerk erfuhren. Die Schnellstrecke Hannover–Berlin, im September 1998 in Betrieb genommen, passiert den Ort, und im Stellwerk Oebisfelde wird der Verkehr überwacht und reguliert – falls Personal vorhanden ist. Wie wir jedoch per freundlicher und bemerkenswert offener Durchsage erfuhren, war kein Personal mehr vor Ort. Die Nachtschicht habe kulanterweise noch zwei Stunden drangehängt, aber leider, leider sei niemand zur Frühschicht erschienen. Das Stellwerk sei unbesetzt, daher müsse unser Zug wie alle folgenden umgeleitet werden – von Hannover über Braunschweig nach Magdeburg, dann weiter über Potsdam nach Berlin. Der Haltepunkt Berlin-Spandau entfalle daher zum großen Bedauern.

Erstaunte Gesichter im Waggon – ein unbesetztes Stellwerk auf einer der wichtigsten Strecken Deutschlands? Hatte man niemanden im Umkreise von – sagen wir – 50 Kilometern für diese Tätigkeit auftreiben können? Und was genau mag den Bahnmitarbeiter so kurzfristig von seinem Dienst abgehalten haben?

Ich stellte mir ein unfreundliches, kaltes Stellwerk mit grauem Betonboden und hässlichen Plastikmöbeln vor und einen mürrischen unausgeschlafenen Mann mittleren Alters mit einem Becher, in dem der Kaffee längst kalt geworden war, vor einem Pult mit blinkenden Lichtern. Gut, wirklich kein Traumjob, aber hoffentlich hatte unser Stellwerksmann nicht einfach gekündigt oder war gar abgehauen, sondern kurierte nur eine leichte Grippe aus, so dass er morgen wieder auf dem Posten wäre, wenn es doch nirgendwo einen Ersatz für ihn gab.

Oder aber – eine andere Vorstellung – er war pünktlich in der Früh zum Dienst erschienen, hatte jedoch mit Blick auf das Stellwerksgebäude nach kurzem Zögern, in dem die Erkenntnis lag, in so einem hässlichen Gebäude nie wieder arbeiten zu wollen, umgedreht und war zu seinem Auto – einem alten roten Mazda – zurückkkehrt, um sich einen anderen Job, ein anderes Leben zu suchen.

Fahrdienstleiter in einem Stellwerk sei ein sehr verantwortungsvoller Job mit einer viel zu kurzen Ausbildung, erklärte dann der Schaffner auf Nachfrage, das wolle eigentlich keiner mehr machen – zu viel Stress, viel zu viel Verantwortung, dabei zu wenig Geld und zu wenig Ehre.

Also zuckelte unser Zug Richtung Braunschweig, dann nach Magdeburg über S-Bahngleise bei Potsdam über die Berliner Stadtgrenze. Wir hatten am Ziel über 90 Minuten Verspätung. Die Verspätungsgutscheine fanden reißenden Absatz – nur nicht bei mir, dem Bahncard-100-Mann. Für solche wie mich gibt es allenfalls zehn Euro pro über einstündiger Verspätung.

Am Abend war ich versucht, die Hotline der Bahn zu bemühen. Was ist mit eurem Mann in Oebisfelde (Ich muss gestehen, dass ich stets einen Mann vor Augen hatte.)?, wollte ich gerne fragen. Hat er sich auskuriert? Ist er wieder auf dem Posten? Oder hat er mit seinem roten Mazda tatsächlich das Weite gesucht?

Auf dem Navigator sah ich dann, dass die Züge zwischen Berlin und Hannover immer noch Verspätung hatten. Von einem verschwundenen Fahrdienstleiter in Oebisfelde war jedoch nirgendwo die Rede. Aber als ich am Freitag die Strecke dann in Richtung Köln passierte, meinte ich tatsächlich, einen roten Mazda am Stellwerk Oebisfelde, das vorbildlich besetzt war, zu sehen, doch möglicherweise habe ich es mir auch nur eingebildet.

Was eine Steckdose bei der Bahn mit Schrödingers Katze zu tun hat

Hier verrate ich kein Geheimnis: Eine WLAN-Verbindung im Zug ist ein seltenes Gut; man sollte sie sofort, ja unverzüglich für dringende E-Mails oder wichtige Webseiten nutzen. In jeder nächsten Sekunde kann die Verbindung verschwinden und auch nicht mehr wiederkehren, ohne dass man einen Grund dafür erfährt.

(BAHNREGEL 5: Wichtige E-Mails zuerst beantworten – der WLAN-Zugang kann von einer Sekunde auf die nächste verschwinden.)

Mit dem elektrischen Strom verhält es sich ähnlich – und doch auch ganz anders. Steckdosen sind in der Bahn kein Allgemeingut. In den älteren Zügen findet man so gut wie gar keine, die als modern geltenden ICEs sind jedoch mit diesem eigentlich unverzichtbaren Serviceartikel ausgestattet. Doch sollte man sich nicht zu früh freuen. Nicht nur, dass der Strom oftmals im ganzen Waggon nicht fließt; manchmal sind die Steckdosen zwar nicht defekt, sie funktionieren allerdings auch nicht.

So ähnlich wie bei dem Physiker Erwin Schrödinger und seinem Gedankenexperiment zur Quantenphysik. In diesem Experiment – ich hatte leider nur den Grundkurs im Abitur, kann es daher nicht wirklich erklären – ist eine Katze zu einem bestimmten Zeitpunkt des physikalischen Prozesses gleichzeitig lebendig und tot.

Nun, bei einer Steckdose in der Bahn kann es sich ähnlich verhalten: Sie gibt keinen Strom, ist aber auch nicht defekt.

In dieses besondere Experiment geriet ich, als ich mich sofort nach dem Einstieg in Köln voller Tatendrang an die Arbeit machte. Ich schob den Stromanschluss meines Laptops in die Steckdose unterhalb meines Sitzes, der Laptop leuchtete auf, ich hatte sogar eine Internetverbindung und konnte E-Mails aufrufen. Kurz hinter Hagen jedoch musste ich feststellen, dass sich mein Akku – ohnehin nur halb voll – rasch entlud. Aber wie konnte das sein? War die Steckdose defekt?

Nein, war sie nicht. Nur passte mein Stecker nicht exakt in die Steckdose, was bedeutete, wenn ich den Stecker in eine bestimmte Richtung in die Dose drückte, hatte ich Strom, ließ ich aber nur ein wenig nach, war der Stromfluss sofort wieder unterbrochen.

Eine halbe Stunde schaffte ich es, mit nur einer Hand zu schreiben, während meine Linke den Stecker festhielt, dann gab ich es schließlich entnervt auf und holte ein Buch hervor.

Für die nächsten Bahnfahrten war ich allerdings gewappnet. Ich nahm immer einen Dreifachstecker mit Verlängerungskabel mit, der perfekt in eine noch so ausgeleierte Bahnsteckdose passte. Von nun an hatte ich ihn immer dabei. (**BAHNREGEL 2:** Mit allen Eventualitäten rechnen.)

In Japan gibt es Untersuchungen der Bahngesellschaft, wie man die Fahreigenschaften des Shinkansen, des Hochleistungsschnellzuges, unentwegt verbessert; man prüft etwa, wie sich das Rütteln des Zuges erheblich vermindern oder ganz verhindern lässt. Hier bei der Deutschen Bahn wäre ich schon froh, wenn jemand von Zeit zu Zeit die Steckdosen kontrollieren würde.

(**BAHNREGEL 6:** Nimm einen Doppelstecker mit, falls du im Zug arbeiten willst. Erfahrungsgemäß ist jede zweite Steckdose defekt.)

Dem Lokführer ist heiß

In der DDR kursierte die Anekdote; es gebe vier Feinde des Sozialismus – Frühling, Sommer, Herbst und Winter. Bei der Deutschen Bahn hieß es hingegen in den sechziger Jahren noch: »Alle reden vom Wetter – wir nicht.«

Nun, diese Zeiten sind gewiss lange vorbei. Ich bin sicher, der Winter ist nicht der Freund der Bahn – siehe Kapitel: Schnee in Leipzig Hauptbahnhof. Der Hauptfeind scheint jedoch der Sommer zu sein, vor allem der heiße Sommer, also: jeder Tag über 25 Grad.

Sommer bedeutet bei der Bahn: Böschungsbrände, abgesperrte Waggons, weil dort die Klimaanlage ausgefallen ist, ausverkaufte Kaltgetränke im Bordbistro, Weichen, die Hitzefrei nehmen und ihren Dienst quittieren (tun sie allerdings auch gerne bei Kälte).

Als an einem Freitagnachmittag im Sommer 2019 bei angenehmen 27 Grad der ICE von Berlin nach Köln im Ostbahnhof einlief, stand demnach einiges zu befürchten, doch nein, alles sah nach einem reibungslosen Fahrtverlauf aus: In jedem Waggon schien die Klimaanlage zu funktionieren, zumindest war nirgendwo das für diese Fälle

berühmt-berüchtigte rotweiße Flatterband auf-
gespannt, um Reisende daran zu hindern, ihre Plätze
einzunehmen.

Kurz hinter Spandau jedoch, wenn der Zug auf
freier Strecke endlich Fahrt aufnehmen kann, er-
eilte uns die beinahe schon erwartete Nachricht. Die
Klimaanlage sei defekt, jedoch nicht im Zug, sondern
vorne in der Lok. Um nicht bei Saunatemperaturen
arbeiten zu müssen, was der Arbeitsschutz jedoch
ohnehin nicht zulassen würde, müsse der Lokführer
bei geöffnetem Seitenfenster Richtung Wolfsburg
fahren – das sei jedoch allenfalls mit einer Geschwindigkeit von maximal fünfzig Stundenkilo-
meter möglich.

Daher bummelte der Zug mit etwa 800 Reisenden
angenehm temperiert durch Brandenburg. In Wolfsburg folgte dann, um der Klimaanlagenkrise zu entgehen, ein Wendemanöver; sprich: Der Lokführer
wechselte von der vorderen Lok auf die hintere. Vor-
teil: In der hinteren Lok funktionierte die Klimaanlage. Nachteil: Nun stand der Zug nicht mehr in
Fahrtrichtung. Lösung: Wir mussten einen Teil der
Strecke zurück- und dann einen weiten Bogen fahren, um über eine Stunde später als geplant Hannover – in der nun korrekten Fahrtrichtung – zu
erreichen.

Immerhin gab es einen Trost: Jeder Reisende durfte
sich einen Tetrapack lauwarmes Mineralwasser im

Bordtreff abholen. Ich habe dankend verzichtet. (**BAHNREGEL 7:** Immer eigene Getränke dabeihaben! Eine Fahrt kann viel länger dauern als geplant, und darauf, dass das Bordrestaurant geöffnet ist bzw. genügend Getränke vorhanden sind, kann man sich nicht verlassen.)

Kurz vor der Verhaftung

Lesereisen mit befreundeten Autoren sind ein Vergnügen und können dennoch recht stressbehaftet sein, besonders wenn man mit der Bahn unterwegs ist. Jeden Tag eine andere Stadt, jeden Tag die bange Frage: Kommt der Zug pünktlich, und hat man für die Veranstaltung am Abend genügend zeitlichen Puffer eingebaut?

Mit Deon Meyer, dem besten Thrillerautor Südafrikas, waren diese Reisen für mich in der Regel sehr angenehm. Deon ist ein kluger, höflicher, stets gut gelaunter Mensch, und er ist aus seiner Heimat gewohnt, dass man gelegentlich improvisieren muss.

Als wir uns von Leipzig nach Dortmund aufmachten, waren wir beide bester Stimmung. Wir fuhren erster Klasse, was man nicht sofort bemerkte; wir bestiegen einen alten, nein, sehr alten IC-Zug, der aber pünktlich von Leipzig Hauptbahnhof abfuhr. Sofort holten wir unsere Laptops hervor und machten uns in unserem Abteil an die Arbeit. Da eine freundliche Sonne hereinschien, griff Deon ganz intuitiv und gedanklich bereits im Arbeitsmodus nach oben zum Fenster, um den Sonnenschutz herunterzuziehen. Doch – leider – es gab in diesem Abteil gar keinen Sonnenschutz, stattdessen bekam er das Schildchen an der Gummidichtung zu fassen, auf dem eine ernste Warnung für den Reisenden angebracht war: »Bitte nicht hinauslehnen – do not lean out.«

Im nächsten Moment hatte er zu unserer Überraschung die Gummidichtung des Fensters halb herausgezogen. Unser Erstaunen darüber war noch nicht ganz abgeklungen, als zwei Dinge fast gleichzeitig geschahen. Zum einen blieb der Zug abrupt stehen. Konnte es sein, dass es irgendwelche Sensoren in der Gummidichtung gab, die den Zug zum Halten gebracht hatten? Nein, wenn man sich diese leicht brüchige schwarze Gummimasse anschaute, die da lose herabbaumelte, war das wohl kaum möglich.

Zweitens tauchte ein mittelalter, leicht abgehetzt wirkender Schaffner mit wirren Haaren in der Tür unseres Abteils auf. Kurz blickte er auf die auf Halbmast flatternde Dichtung, dann brüllte er nach einem langen, tiefen Atemzug los, was falle uns ein, hier zu randalieren und den Zug zu zerstören. Dabei blickte er Deon, den er sofort als Übeltäter enttarnt hatte, wütend an.

Ich erhob mich und versuchte zu beruhigen. »Ein Versehen – mein Freund hat den Sonnenschutz herunterziehen wollen. Außerdem ist er ein berühmter Autor aus Südafrika, der kein Deutsch versteht.«

»Das ist mit egal!«, brüllte der Schaffner weiter. Die Locken seines Haares bebten erzürnt auf und ab. »Bringen Sie das in Ordnung, sofort. Oder ...« Das Oder, dem zunächst nichts folgte, unterstrich er mit einer Geste, als wolle er jemandem den Kopf abschneiden.

Deon, den man mit seiner imposanten Größe von über eins Meter neunzig als Hünen bezeichnen kann, erhob sich nun auch. »Sorry«, meinte er freundlich lächelnd. »This was a mistake ...«

»Sprechen Sie Deutsch«, unterbrach der Schaffner ihn. Nun lief ihm eine leichte Wutröte den Hals hinauf.

»Bedauere«, mühte ich mich, den aufgebrachten Bahnmann zu besänftigen, »wie gesagt – ein Autor aus Südafrika ...«

»Das ist mir egal«, wiederholte der Schaffner, weiter mit düsterem Blick auf Deon.

Mein südafrikanischer Freund lächelte noch immer. »A mistake ... and yes, it was my fault. I apologise.«

Der Zug setzte sich langsam und ächzend wieder in Bewegung, was das herabhängende Gummiband noch mehr ins Flattern brachte, mich jedoch ein wenig beruhigte.

»Ich lasse Sie aus dem Zug werfen, gleich in Leipzig Flughafen ...« Der Schaffner wischte sich eine Locke aus der Stirn und starrte auf die Gummi-

25

dichtung. Dann wandte er sich abrupt um und eilte den Gang hinunter.

Deon lächelte mich freundlich an. »He has bad nerves, doesn't he?«

Ich musste leider zustimmen. Ja, bei diesem Schaffner lagen die Nerven blank. Ihm war es zuzutrauen, dass er am Halt Leipzig Flughafen die Polizei holte und uns aus dem Zug werfen ließ, was unsere Lesereise etwas verkomplizieren würde.

Gemeinsam machten wir uns daran, die Gummidichtung zurückzuschieben. Es gelang nach einigen Mühen überraschend gut. Als wir am Flughafen hielten, war von dem kleinen Malheur beinahe nichts mehr zu sehen.

Wie erwartet, eilte der Schaffner heran, keinen uniformierten Polizisten, jedoch einen ebenso missmutigen Kollegen im Schlepptau.

Deon sprang auf, er breitete die Hände aus und verneigte sich leicht, dann deutete er auf das Fenster und rief: »Voilà!« Ganz wie ein Zauberer, der soeben sein größtes Kunststück vollführt hatte.

Der Schaffner blickte von Deon zum Fenster, dann schnaufte er und drehte wortlos ab.

Wir kamen pünktlich in Dortmund an und änderten das Programm für unsere Lesung.

Fortan begannen wir die Auftritte mit unserem hübschen Bahnabenteuer – allein die Eröffnungsfrage meinerseits: »Deon, how do you like the Deut-

sche Bahn?« reichte für die ersten Lacher im Publikum.

So ist es leider – schon die Erwähnung, man sei
mit der Bahn angereist, erheitert das Publikum, und
da hat man seine richtige Bahnanekdote noch gar
nicht vorgebracht.

Hurrikan über Hamm

Alle, die sich gelegentlich auf Messen herumtreiben, werden es wissen: Messen sind für alle Beteiligten eine äußerst anstrengende Angelegenheit: lange Tage, viele Gespräche, ständig eine überschwappende Geräuschkulisse um einen herum, dazu Treffen am Abend, bei denen auch Alkohol im Spiel sein könnte; will sagen: Man tut gut daran, ausgeruht auf eine Messe zu gehen. Vor der Buchmesse in London im Frühjahr 2019 plante ich daher, noch ein Wochenende in Köln zu verbringen, um dann entspannt mit Kollegen von Berlin nach London zu fliegen.

Leider hatte mein Plan einen Fehler – ich hatte die Variable »Deutsche Bahn« nicht mit einkalkuliert.

Die Abreise in Köln – ausnahmsweise an einem Sonntag, aufgrund des Abflugs am Montagmorgen nach London – gestaltete sich problemlos. Wegen des Wochenendes waren etliche Familien unterwegs. Trotzdem war ein störungsfreies Arbeiten möglich. (**BAHNREGEL 8:** Immer eigene Kopfhörer dabeihaben, will man nicht lange Beziehungstelefonate mitbekommen oder zuhören, wie etwa ein höchstdynamischer Bauingenieur aus seinem rollenden Büro seine Baustelle im Thüringer Wald managt.)

Jedenfalls bis kurz vor Hamm. Dann machte mich die junge Frau neben mir darauf aufmerksam, dass es sinnvoll sei, meine Kopfhörer kurz herunterzunehmen.

Ich bekam gerade noch mit, wie ein Schaffner mit sonorer Stimme lapidar seine Durchsage wiederholte: Wegen einer Sturmwarnung fahre dieser Zug nur bis Hamm, dann sei eine Weiterfahrt nicht mehr möglich. Alle Reisenden sollten bitte aussteigen.

Während um mich herum bereits eingepackt und der Zug verlassen wurde, vermutlich weil die ersten klugen Reisenden zum nächsten Taxistand stürmten (passt das Wort hier?), musste ich diese Nachricht für mich noch einmal übersetzen. Ein Sturm bedrohte Hamm, daher fuhr der Zug nicht weiter? Ich hatte von einem Hurrikan oder Tornado oder was auch immer nichts mitbekommen, sondern eine überaus ruhige Fahrt erlebt.

Während auch ich einpackte, teilte uns der Schaffner noch zum Abschied mit, dass der Fernverkehr in ganz Norddeutschland eingestellt sei, aber DB Regio fahre noch; wir könnten also gegebenenfalls einen Regionalexpress zurück nach Köln auf dem Nebengleis erreichen.

Wie kann DB Regio dem Sturm trotzen, während die Fernverkehrszüge alle stehenbleiben müssen?, ging mir durch den Kopf, derweil ich in den wartenden Regionalexpress sprang, in dem schon alle Plätze von hoffnungsfrohen Reisenden belegt waren, die, wenn sie schon nicht vorwärtskamen, zumindest den geordneten Rückzug antreten wollten. Aber vielleicht gab es in der Bahnhierarchie ja eine besondere Reihenfolge, welcher Zug kostbarer war und daher eher im Bahnhof bleiben musste.

Unsere Hoffnung auf DB Regio wurde jedoch bald enttäuscht. Nach fünfzehnminütigem stillem Abwarten, das von keinen Durchsagen gestört wurde, kam dann doch eine Bekanntmachung – so offiziös wurde sie auch vorgetragen. Auch DB Regio habe den Verkehr bis auf Weiteres eingestellt – vermutlich bis morgen früh drei Uhr.

Drei Uhr nachts? Bisher war von einer Zeitangabe für die Auszeit nicht die Rede gewesen. Das würde einen etwa zehnstündigen Stopp in Hamm bedeuten, und Berlin würde ich weit nach der Abflugzeit meiner Maschine nach London erreichen.

Das nächste Café in Bahnhofsnähe war schon beinahe gut gefüllt. Verzweifelte Reisende versuchten, letzte Mietwagen zu ergattern oder einen Platz in einem Flixbus, doch Fehlanzeige: alles ausgebucht.

Mir blieb auch nichts anderes übrig, als die Gattin anzurufen, die sich furchtlos über die Autobahn von Köln ins angeblich sturmumtoste, 130 Kilometer entfernte Hamm aufmachte. Derweil nutzte ich die Zeit, einen neuen Flug von Köln nach London zu buchen, sowie darüber nachzudenken, wie ich an die passende Garderobe für die Messe kommen sollte, die ich ja in Berlin deponiert hatte, wo auch alle Messeunterlagen für mich bereitlagen. Glücklicherweise gab es noch einen absolut überteuerten Flug.

Gegen 21 Uhr 30 war ich zurück in Köln.

Und in London traf ich in den nächsten drei Tagen auf großes Verständnis, dass ich ohne Vorbereitung, weil alle meine Unterlagen in Berlin zurückgeblieben waren, auf die Messe hatte gehen müssen; aber immerhin hatte ich mich mit zwei neuen Jacketts ausstaffiert. Zudem wurde jedes Gespräch mit englischen Kollegen mit einer guten Portion Mitleid garniert. Du bist mit der Bahn in einem Bahnhof liegengeblieben? O dear, wir haben es schon gehört, eure Bahn ist ja mindestens genauso kaputt wie unsere!

Der Ruf der Deutschen Bahn war auch längst bis nach Großbritannien gedrungen, das nun eben selbst nicht von seiner British Rail verwöhnt ist.

Wolfsburg existiert nicht

Dass Bielefeld nicht existiert, ist ja seit vielen Jahren einschlägig bekannt – zu deutlich sind die Hinweise: Wie kann es eine Stadt in Ostwestfalen geben, wo jeder weiß, dass Osten und Westen gegensätzliche Richtungen sind? Und wieso sollte sich ein Konzern, der eine große Reederei betreibt, in einer Stadt ohne Hafen niederlassen? Und ein Fußballstadion, das »Alm« heißt, das jedoch im Flachland liegt? Unmöglich! Und wie heißt es doch gleich: »Und sehen wir uns nicht in dieser Welt, dann sehen wir uns in Bielefeld.« Alles profunde Hinweise, dass es sich bei Bielefeld um eine Erfindung handeln muss.

Nun, die Bahn hat der nicht-existierenden Stadt Bielefeld eine weitere hinzugefügt. Jedenfalls konnte ich auf einer frühen Montagmorgenfahrt nach Berlin diesen Eindruck gewinnen. In Hannover waren wie üblich viele Menschen eingestiegen, die zum vw-Werk, der flächenmäßig größten Autofabrik der Welt, in die nächstliegende, etwa 70 Kilometer entfernte Stadt wollten, die seit 1945 Wolfsburg heißt (vorher »Stadt des KdF-Wagen bei Fallersleben«, wobei »KdF« tatsächlich »Kraft durch Freude« meint – aber das ist eine andere Geschichte). Dem Lokführer unseres ICES schien diese Stadt Wolfsburg jedoch nicht geläufig zu sein – oder vielleicht war es auch ein Akt des Widerstands gegen den Individualverkehr, gegen die Autoindustrie, gegen Verbrennerautos etc., jedenfalls bremste er nicht ab, sondern durchquerte den unscheinbaren Bahnhof Wolfsburg mit sicherlich mehr als 100 Stundenkilometern.

Im Waggon um mich, wo sich die eifrigen vw-Frauen und -Männer in den Gängen bereits zum Ausstieg aufgebaut hatten, herrschte allgemeines Erstaunen, dann atemloses Entsetzen, gefolgt von vereinzelter Heiterkeit. Einige mochten auch an eine optische Täuschung glauben: Nein, wir hatten nicht soeben das riesige vw-Werk mit den markanten Backsteintürmen passiert, nein, wir hatten nicht die grau-grüne Stadionschüssel vom VfL Wolfsburg hinter uns gelassen …

Dann aber folgte nach nur fünf Minuten die Durchsage des Schaffners: Durch einen technischen Irrtum habe der Zug heute ausnahmsweise nicht in Wolfsburg gehalten. Nächster Halt sei daher außerplanmäßig Stendal. Reisende nach Wolfsburg sollten sich bitte im Bahnhof nach der nächsten Verbindung zurück zur vw-Stadt erkundigen. Ob der ic um 10 Uhr 06 tatsächlich erreicht werde, könne man jetzt noch nicht sagen.

Stendal, ein hübsches Städtchen in der Altmark, in dem 1717 der berühmte Archäologe und Kunsthistoriker Johann Joachim Winckelmann geboren wurde, liegt ein wenig abseits der Schnellstrecke Hannover-Berlin. Der Lokführer musste also einen kleinen Schlenker fahren, was ihm tadellos gelang. Auch das Haltemanöver wurde ohne Schwierigkeiten durchgeführt. Etliche Reisende stiegen aus. Ein vw-Werk jedoch existiert hier nicht, jedenfalls liegen bisher keine Beweise dafür vor.

Ein Rucksack geht allein auf Reisen

Jeder, der sich gelegentlich auf Bahnhöfen aufhält, kennt sie – die berühmt-berüchtigten Durchsagen: Vor Taschendieben wird gewarnt. Oder: Lassen Sie Ihr Gepäck nicht unbeaufsichtigt stehen. In der Statistik der gefährlichsten Bahnhöfe (Zahlen von 2022) liegt Hamburg vor Nürnberg, Frankfurt, Köln und Hannover; betrachtet man nur Diebstähle, steht Frankfurt vor Hamburg und Essen an erster Stelle. Insgesamt wurden 123.000 Tatverdächtige registriert. Zu den bereits vorhandenen 9.000 Kameras sollen noch 2.000 weitere hinzukommen, um mehr Sicherheit zu gewährleisten. (Man fragt sich allerdings bei der allgemeinen Personalknappheit: Wer überwacht die Kameras?)

Andere Diebstähle bereiten der Bahn ebenso große Sorgen und beeinträchtigten Reisende auch durch zahlreiche Zugausfälle. Im Jahr 2023 gab es 450 Kabeldiebstähle, wodurch – so die Bahn – über 3.200 Züge ausgefallen seien. Neuerdings werden Kabel auch mit unsichtbarer künstlicher DNA markiert, um Täter eher fassen zu können. (Und da sage einer noch, die Bahn sei nicht innovativ!)

Ich selbst wurde in all den Jahren der Bahnreiserei nur einmal Opfer einer Straftat – hervorgerufen leider durch übergroßen Arbeitseifer. Schon nach dem Einstieg in Berlin Ostbahnhof machte ich mich an die Arbeit an meinem Laptop. Das einzige Gepäck, einen Rucksack, hatte ich unter meinen Sitz geschoben.

Dass am Hauptbahnhof wie gewöhnlich die meisten Reisenden zustiegen und sich durch den Gang drängten, registrierte ich im Arbeitsmodus nur am Rande. Als ich, kurz nachdem wir Spandau passiert hatten, meine Wasserflasche hervorholen wollte, die in einer Seitentasche meines Rucksacks steckte, ging der Griff ins Leere. Der Rucksack war nicht mehr da.

Ein Zugbegleiter erklärte wenig trostreich, es sei doch allgemein bekannt, dass man auf sein Gepäck achtgeben solle. Besonders am Berliner Hauptbahnhof stiegen zwielichtige Leute vorne ein – meistens als Gespann, einer voraus als Deckung –, scannten Gepäck und unvorsichtige Reisende und stiegen mit ihrer Beute hinten wieder aus.

Meine Diebstahlsanzeige wurde von der Bundespolizei freundlich-routiniert in einem Container am Hauptbahnhof Köln aufgenommen. Außer ein paar Büchern und einem Kulturbeutel war der Verlust nicht sonderlich groß und dürfte die Diebe auch nicht besonders erfreut haben. Nach sechs Wochen

erhielt ich die Nachricht, dass die Suche nach den Tätern eingestellt worden sei. Man habe niemanden dingfest machen können.

Besuch einer Schulklasse

Auch Menschen, die eigentlich nicht zur Verwirrung neigen, befällt eine gewisse Orientierungslosigkeit, wenn sie es mit der Bahn zu tun bekommen. Klar, man kennt die Spezies des notorischen Autofahrers, der einmal im Jahr Zug fährt und durch den Gang irrt, auf der Suche nach seinem Sitz, den er ja mit einer »Platzkarte« reserviert hat. Gelegentlich behaupten solche Zeitgenossen dann auch, man säße auf ihrem Platz oder es läge – aus Schlamperei der Bahn – eine doppelte Reservierung vor (Was niemals der Fall ist!). Meistens stellt sich dann heraus, dass sie sich im falschen Waggon befinden – statt etwa in 33 im Wagen 34 – oder sie sich schlichtweg im Datum geirrt haben und sich einen Tag zu früh oder spät auf die Reise gemacht haben. Das beliebte Spiel der Bahn, die Wagenreihung ihrer Züge zu ändern – oder zumindest anzukündigen und dann doch in der richtigen Reihung vorzufahren –, verbessert ebenfalls nicht die Orientierungsgabe der Kunden, von denen auch nicht alle zwischen erster und zweiter Klasse unterscheiden können.

Auch die Beschilderung in Bahnhöfen stellt Reisende oft auf eine Geduldsprobe: Wieso folgt auf Bahnsteig 5 die Plattform 8; warum gibt es zu Bahnsteig 1 nur einen Aufgang und nicht zwei wie zu den anderen? Rätsel, mit denen man oft allein gelassen wird. Auch nach fast 20 Jahren habe ich es noch geschafft, mich im Berliner Hauptbahnhof zu verlaufen, wenn ich zum S-Bahngleis 15 wollte, weil die Hinweisschilder, die mir irgendwie doppelt vorkamen, mich immer wieder komplett verwirrten.

Als Bahncard-100-Kunde wird man von der Bahn dankenswerterweise mit sogenannten Comfort-Plätzen bedient, die man nicht einfach so reservieren kann – auch wenn arglose Reisende das dann doch behaupten, bevor sie feststellen, dass sie sich im Waggon geirrt haben. Als es sich bei einer Fahrt Richtung Berlin ein paar Jugendliche auf diesen Comfort-Plätzen bequem machen wollten, fühlte ich mich bemüßigt, sie daraufhin zu weisen, dass möglicherweise noch Bahncard-100-Reisende zusteigen und diese Plätze beanspruchen könnten. Die Jugendlichen sahen mich verständnislos an. Nein, das Prinzip dieser Reservierung verstanden sie nicht und überhaupt ... Ja, und überhaupt strömten noch weitere Jugendliche hektisch drängelnd in den Waggon. Es sah beinahe aus, als hätte sich eine halbe Schule auf den Weg gemacht. Schnell war der Waggon überfüllt; zwei mittelschwer genervte Lehrerinnen versuchten, bei Platzstreitigkeiten zu vermitteln und dafür zu sorgen, dass alle ihre Schützlinge zumindest in diesem Waggon ver-

blieben, selbst auf die Gefahr hin, dass nicht jeder einen Sitzplatz bekam.

Ich selbst war auch etwas genervt: Wie konnte eine komplette Schulklasse die Bahn so überfordern, indem sie offensichtlich ohne Reservierung die ach so beliebte Fahrt nach Berlin antrat?

Dieses Rätsel löste sich dann, als eine der Lehrerinnen ermattet auf den einzig freien Sitz vor mir sank. »Tut uns leid«, erklärte sie seufzend, während sie sich den Schweiß von der Stirn wischte und mit einem misstrauischen Seitenblick ihre Klasse im Auge behielt. »Ein Albtraum! Wir hatten den halben Wagen 7 reserviert, aber der Zug ist heute ohne diesen Waggon vorgefahren. Also mussten wir improvisieren.«

(**BAHNREGEL 2:** Mit allen Eventualitäten rechnen.)

Der DB-Navigator lügt vielleicht nicht, aber er sagt die Unwahrheit

Auch die Bahn ist längst im digitalen Zeitalter angekommen – nun verkündet sie sogar, dass es keine analogen Bahncards mehr geben soll, was besonders ältere Reisende, die nicht über ein Smartphone verfügen, vor große Probleme stellt. Mir wurde unlängst, weil ich irgendeine App nicht heruntergeladen hatte, der Zugang zur DB-Lounge verwehrt, da nutzte mir meine Bahncard 100 gar nichts. Es hätte gar keines weiteren Beweises bedurft: Die Definition von Kundenfreundlichkeit wird von der Bahn mitunter recht einseitig interpretiert.

Der DB-Navigator gilt jedenfalls als große digitale Serviceleistung; die meisten Reisenden fürchten zwar, nach einem Update gar nicht mehr damit zurechtzukommen, aber die Bahn wird nicht müde, diese Dienstleistung zu preisen; alles sei in dieser App zu finden: Zugverbindungen, Preise, Wagenstandsanzeiger, Verspätungen.

Für mich wurde es an jedem Montagmorgen meines Pendlerlebens zur Gewohnheit, gewissermaßen noch während des Aufwachens gegen 4 Uhr 30 in der

App nachzuschauen, ob die erste S-Bahn, die mich zum Kölner Hauptbahnhof bringen sollte, überhaupt käme respektive ob sie einigermaßen pünktlich wäre. Wiederholt war zu sehen, dass die im Navigator bereits als zurückgelegt angezeigte Strecke der S-Bahn keineswegs stimmte oder dass sich während der etwa sieben Minuten Fußweg zur Bahnstation ein völlig anderes Bild ergeben hatte: Eine Bahn, die eben noch pünktlich war, war plötzlich wie von Geisterhand vom Radar verschwunden und fiel aus.

Weil in Berlin der Streik der Fluglotsen drohte, hatte ich mir an einem Donnerstag gegen jede Gewohnheit einen Sitzplatz in einem Zug nach Köln reserviert. Im Ostbahnhof stand jedoch noch ein wenig verspätet der Vorgängerzug bereit. Also stieg ich ein und fand auch einen Platz. Dann jedoch bemerkte ich auf der Zuganzeige, dass dieser ICE über Stendal, Minden, Gütersloh nach Köln fuhr, also deutlich länger unterwegs sein würde als der Nachfolgezug.

Daher packte ich wieder ein und verließ den abfahrbereiten Zug.

Eigentlich hätte hier meine Intuition laut Alarm schlagen müssen. Ich verstieß eklatant gegen die wichtigste **BAHNREGEL 1:** Nimm den erstbesten Zug, den du kriegen kannst – wer weiß, wann der nächste kommt.

Doch nein, die Navigator-App stand eindeutig auf Grün. Mein Zug, für den ich eine Reservierung besaß, würde pünktlich in zwölf Minuten im Ostbahnhof eintreffen, und er würde mich über Hannover, Hamm, Hagen und Wuppertal in Windeseile nach Köln bringen.

Fünf Minuten vor der angekündigten Ankunft stand die Navigator-App immer noch auf Grün – auch dann noch, als drei Minuten später die Anzeige im Bahnhof bereits den Zugausfall meldete. Ja, mein Zug fiel aus – wie zwei Minuten vor der avisierten Ankunft gemeldet wurde. Dann zog auch der Navigator nach.

Ältere Zeitgenossen mögen sich noch an das HB-Männchen aus einer Zigarettenwerbung der sechziger Jahre erinnern: eine Zeichentrickfigur, die vor Wut in die Luft geht und nur zu beruhigen ist, indem man ihr eine Zigarette – eben eine HB – in den Mund schiebt.

Nun, so in etwa fühlte ich mich auf dem rauchfreien Bahnsteig im Ostbahnhof. Die Bahn brachte es tatsächlich fertig, einen Zug als pünktlich anzukündigen – noch 120 Sekunden vor seiner avisierten Abfahrt.

Wütend schleppte ich mich samt Gepäck in die Vorhalle an den Infostand. Hier geriet ich an einen grauhaarigen, älteren Bahnmitarbeiter, der vom Leben in der Vorhalle – oder vielleicht Vorhölle? – gezeichnet war und der sich mit echter Elefantenhaut imprägniert hatte. Er könne meinen Ärger verstehen, erklärte er tonlos, aber leider teile DB Fernverkehr auch ihnen nie so richtig mit, was bei denen so laufe beziehungsweise eben nicht laufe. Er könne mir aber gerne die weiteren Verbindungen ausdrucken. Der nächste Zug fahre in einer Stunde vom Hauptbahnhof, leicht mit der S-Bahn zu erreichen ...

Wieso wollen Sie mir das alles ausdrucken?, hätte ich beinahe erwidert. Steht doch alles in Ihrem tollen DB-Navigator. Doch stattdessen nahm ich mir vor, nie wieder fahrlässig gegen die Bahnregel 1 zu verstoßen.

Wir müssen über Hygiene sprechen

Von einer Reisenden hörte ich einmal den Satz: Das letzte große Abenteuer in Deutschland sei das Kupplungs- oder Entkupplungsmanöver von zwei ICEs in Hamm. Da immer die bange Frage im Raum stehe: Klappt es gleich beim ersten Mal, oder klappt es nicht? (Ich habe hier auch wertvolle Lebenszeit aufbringen müssen – und nicht immer gelang das Manöver.)

Aber es kann noch ein weiteres Abenteuer in unserem Bahnland geben: der Besuch einer Bordtoilette. Der Imperativ der Bahn »Verlassen Sie den Raum so, wie Sie ihn vorfinden möchten!« kann in vielen Fällen nur als Aufforderung an Reisende gedeutet werden, mittlere Verschönerungsmaßnahmen oder Putzdienste selbst vorzunehmen. Oft jedoch wird man auch durch eine Warnung vom Besuch einer Toilette abgehalten. Wer kennt nicht die hässlichen gelben Zettel, die, vom Zugpersonal angebracht, an der verschlossenen Tür einer defekten Toilette kleben? Es soll schon ganze Züge ohne funktionierende Toilette gegeben haben. In Baden-Württemberg wurde laut *Spiegel* für das Jahr 2023

von der Bahn ermittelt, dass nur auf einer von dreißig Bahnstrecken der Wert von 98 Prozent verfüg-
barer Toiletten erreicht wurde.

Darüber hinaus gibt es Klagen von Bahnmit-
arbeitern, dass die Anlagen, um Brauchwasser ab-
zupumpen, nicht selten veraltet oder defekt sind bzw.
von ungeschultem Personal nicht bedient werden
können, so dass etliche Züge ohne funktionierende
Toilettenanlagen auf die Reise geschickt werden.
(**BAHNREGEL 9:** Nach Möglichkeit keinen Toilettengang aufschieben, falls die Toiletten in Betrieb sind –
das kann sich im Laufe der Fahrt schnell ändern.)

Mein ganz spezielles Toilettenerlebnis will ich hier
auch in dezenter Form kundtun. Sofort nach dem
Einsteigen im Ostbahnhof überfiel mich ein drin-
gendes Bedürfnis, die nächste Toilette aufzusuchen.
Doch kaum hatte ich mich erhoben, teilte eine
Stimme mit, dass der Lokführer leider einen Reset
durchführen müsse, daher würden alle Lichter ausgehen und es würde nur noch eine Notbeleuchtung
brennen. Die Abfahrt des Zuges verschiebe sich auf
unbestimmte Zeit.

Okay, muss ich also noch ein wenig abwarten,
sagte ich mir.

Der Reset schien aber kein Ende zu nehmen; vier,
fünf, sechs Minuten, die mir in meiner Notlage
recht lang vorkamen, vergingen, ohne dass die Be-
leuchtung wieder ansprang.

Den Zug zu verlassen, um Sanifair aufzusuchen, schien mir auch nicht angezeigt; schließlich war die eigentliche Abfahrtszeit bereits verstrichen, und der Zug konnte nach erfolgreichem Reset jeden Moment losfahren.

Die Minuten jedoch tickten herunter – der Waggon blieb bis auf ein paar Notlichter dunkel. Von einem erfolgreichen Reset macht sich der Laie ganz falsche Vorstellungen.

Schließlich wurde die Not so groß, dass ich im Halbdunkel, vorbei an den Schatten von Reisenden, die meine Pein zum Glück nicht bemerkten, zur nächsten Toilette schlich. Öffnen ließ sich die Tür, dafür war schließlich kein Strom nötig. Doch eine Wasserspülung gab es ohne elektrische Unterstützung nicht, und die Beleuchtungsverhältnisse waren mit »schummrig« recht freundlich umschrieben.

In meiner akuten Notlage konnte ich darauf jedoch keine Rücksicht mehr nehmen.

Was ist, wenn dieser Reset eben nicht erfolgreich ist und der Zug heute gar nicht mehr losfährt?, ging es mir kurz durch den Kopf, doch da begann das Licht zu flackern. Auch der Knopf der Spülung leuchtete wieder auf, und das anschließende Rauschen des Wassers kam mir diesmal besonders freundlich und musikalisch vor.

Eine Umleitung ist eine Umleitung ist eine Umleitung

Jeder kennt Murphy's Law: »Anything that can go wrong will go wrong.« – »Alles, was schiefgehen kann, wird schiefgehen.« – Manchmal könnte man denken, jemand bei der Bahn hat dieses Gesetz erfunden. (Dabei war es im Jahr 1947, als ein Experiment komplett schiefging, Edward A. Murphy, ein junger Captain der US Air Force.) Aber auch bei der Bahn reiht sich gerne ein Missgeschick an das nächste. Hat ein Zug schon Verspätung wegen eines verspäteten vorausfahrenden Zuges, kommt womöglich an der nächsten Station die Ablösung des Lokführers wegen der Verspätung eines anderen Zuges zu spät. Aus zehn Minuten Verspätung werden dann schnell 20 oder 30, und vielleicht spielen dann auch noch im Verlauf einer längeren Reise Kinder im Gleis, oder ein weiterer Zug ist liegengeblieben und so weiter ... Die Bahn ist da im Übrigen um Erklärungen nicht verlegen. (**BAHNREGEL 4**: Hast du einen wichtigen Termin, plane so, dass du einen Puffer von etwa drei Stunden hast. Bei wichtigen Abflügen eine Übernachtung am Abflugort einplanen!)

Dass aus einer Umleitung auch mit Leichtigkeit zwei Umleitungen werden können, erlebte ich vor ein paar Jahren auf der Fahrt von Köln nach Berlin. Die Schnellstrecke Hannover-Berlin war wegen Gleisbauarbeiten gesperrt. Der ICE sollte – so die Ankündigung – über die langsame Ausweichstrecke Braunschweig-Magdeburg-Potsdam fahren und etwa eine Stunde später Berlin erreichen.

In Hannover jedoch ging es für meinen ICE erst einmal nicht mehr weiter. Dass auf dem Nebengleis noch der Vorgängerzug aus Köln stand, verhieß nichts Gutes. Dann das zweite eindeutige Warnsignal: Wegen der eingetretenen Verspätung könnten sich Reisende kostenlos Mineralwasser im Bordtreff abholen. Spätestens wenn diese Durchsage kommt, weiß man, dass man sich auf eine schwerwiegende Verspätung einstellen muss oder – noch schlimmer – dass man hinter den Kulissen bei der Bahn offenbar keine Ahnung hat, wie die Weiterfahrt genau aussehen soll.

Wenig später, während ich noch darüber nachdachte, ob ich in den Vorgängerzug auf dem Nebengleis umsteigen sollte, da er vermutlich eher abfahren würde, setzte dieser ICE sich in Bewegung. Gleichzeitig kam die Durchsage: Die Strecke über Magdeburg sei gesperrt, der Zug müsse umgeleitet werden.

Einzelne Lacher im Zug und der Ruf: »Wir sollen doch bereits eine Umleitung fahren.«

Die Stimme aus dem Lautsprecher schwieg, als hätte sie diesen Einwand gehört.

Auf die Fortsetzung der Durchsage mussten wir letztlich weitere fünf Minuten warten, als hätte der Schaffner sie einüben müssen: Der Zug würde nun von Hannover nach Büchen fahren und von dort nach Berlin.

Obschon ich im Streckennetz der Bahn einigermaßen bewandert war, hatte ich von einem Ort namens Büchen noch nie gehört. An den Mienen der Mitreisenden konnte ich ablesen, dass es allen anderen auch so erging. Zum Glück funktionierte zumindest die Internetverbindung an Bord, so dass ein allgemeines Goggeln stattfinden konnte.

Büchen, so las ich im Netz, hatte knapp 7.000 Einwohner und lag in Schleswig-Holstein im Kreis Herzogtum Lauenburg. Seit 1846 verläuft hier die Bahnlinie Hamburg-Berlin. Hamburg lag etwa dreißig Kilometer entfernt.

Unsere zweite Umleitung nach Berlin führte uns also gewissermaßen bis Hamburg. Zu den fast zwei Stunden Verspätung, die unser Zug jetzt schon hatte, würden noch mindestens zwei weitere hinzukommen. Ankunftszeit in Berlin – etwa ein Uhr in der Nacht.

Mein Sitznachbar, ein junger Mann aus einer Werbeagentur, der zu einem Bewerbungsgespräch nach Berlin wollte, brach plötzlich in hektische

Aktivität aus. Sein Hotel, erklärte er, verfüge über keinen Nachtportier, er müsse spätestens um 23 Uhr vor Ort sein, um sein Zimmer zu beziehen.

Um diese Zeit aber würden wir vermutlich gerade das schon schlafende Örtchen Büchen erreicht haben und uns dann wieder in südöstliche Richtung aufmachen.

Nach drei Telefonaten gab es zumindest für den jungen Mann Entwarnung. Der Hoteleingang wurde durch einen Zahlencode gesichert. Wenn er eine bestimmte Zahlenkombination eingab, würde er die Tür öffnen können – und sein Zimmerschlüssel würde am Schalter der Rezeption bereitliegen.

Um halb zwei erreichten wir Berlin Hauptbahnhof – einen zu dieser Zeit fast freundlichen, stillen Geisterbahnhof. Zum Glück standen noch etliche Taxis bereit.

Der schöne 2. September

(frei nach Thomas Brasch, »Der schöne 27. September«)

Ich bin ohne Albtraum wach geworden.
Ich habe mich nicht schon morgens über die Bahn geärgert.
Ich bin keiner S-Bahn hinterhergelaufen.
Ich bin nicht vom Schaffner aufgefordert worden, gefälligst meine Bahncard bereitzuhalten.
Ich hatte WLAN-Empfang im Zug.
Ich musste keinen bitteren, lauwarmen Filterkaffee trinken.
Ich fand eine saubere Toilette vor.
Ich sah den Sonnenaufgang über Hamm.
Ich musste niemanden bitten, sein Telefonat leiser zu führen.
Ich habe nicht darüber nachgedacht, mir eine Stelle in Köln zu suchen, die ich mit dem Fahrrad erreichen kann.
Ich kam fast pünktlich in Berlin an.
Es war ein sonniger Tag.
(Fußnote: Ja, solche Fahrten gab es auch.)

Sorry – kein Empfang

Ein bekannter Autor teilte kürzlich mit, dass er nicht mehr auf Lesereise gehe. Er schaffe es nervlich einfach nicht mehr. Damit waren nicht der Auftritt vor Publikum sowie einsame Nächte in mittelklassigen Hotelzimmern gemeint, sondern der Stress mit der Bahn. Er habe keinen Führerschein, so der Autor, und bis jetzt habe er stets einen zeitlichen Puffer von vier Stunden vor seinen Terminen eingeplant, doch der reiche nun nicht mehr. Er gebe daher erschöpft auf.

Die Frage, wie man seine Termine einhält, ist für jeden Bahnreisenden zu einem Problem geworden – besonders, wenn man Umstiege einplanen muss. Reichen zehn Minuten Puffer für einen Umstieg aus – wann würde der nächste Zug fahren? Ist ein Zug aber gegen jede Erwartung pünktlich, darf man sich möglicherweise in einem vergleichsweise öden Örtchen, das zwei Kioske und ein Café zu bieten hat, drei Stunden irgendwo die Zeit vertreiben.

Wegen eines Arztbesuches hatte ich an einem Montag in Berlin einen Termin ohne jeden zeitlichen Puffer, will sagen, ich würde genau 30 Minuten Zeit haben, um vom Berliner Hauptbahnhof zu meinem Treffpunkt zu gelangen. In diesen Bahnzeiten ein

Vabanquespiel, das ich auch schon zehn Minuten nach Abfahrt meiner S-Bahn verlor.

Drei Stationen nach meinem Einstieg hielt die S-Bahn in einer tieferliegenden, recht düsteren Station. Wir standen, und ich zählte die Minuten herunter: Wie viele Minuten hatte ich, bis ich meinen ICE vom Kölner Hauptbahnhof verpassen würde, was in den letzten Jahren so gut wie nie vorgekommen war. (Auch weil meine Frau mich bei Zugausfall oft zum Bahnhof gefahren hatte.)

Das übliche Bahntheater begann, während die Minuten verrannen. Wir standen – keine Durchsage.

Dann meldete sich der Lokführer, der wegen der schlechten Lautsprecheranlage kaum zu verstehen war.

Das Signal vor ihm stehe auf Rot; er habe mit dem Handy versucht, die Leitstelle zu erreichen, aber er habe hier unten keinen Empfang, daher wisse er nicht, warum die Strecke vor ihm nicht freigegeben sei.

Okay, wir standen im Funkloch, und eine andere Kommunikation schien dem Lokführer nicht zur Verfügung zu stehen.

20 Minuten verharrten wir in dieser Senke, dann, ohne dass der Lokführer noch einmal das Wort ergriffen hatte, rumpelten wir wieder los.

Mein ICE war allerdings pünktlich und damit ohne mich abgefahren – meine Fahrt führte mich daher nun nach Essen, von da nach Hamm, von da nach Berlin.

Ich kam eineinhalb Stunden später als geplant zu meinem Termin. Aber wenn eine Entschuldigung in Deutschland akzeptiert wird, dann der Hinweis auf die Bahn: Sorry, mein Lokführer hatte keinen Handyempfang.

Eine Verspätung ist eine Verspätung ist keine Verspätung

Auch wenn man nur wenige Philosophiekenntnisse hat, schafft es die Bahn tatsächlich mitunter, uns Reisende über philosophische Fragen nachdenken zu lassen. Etwa: Wie geht die Bahn mit uns, die wir vermutlich gegen unseren Willen ins Menschsein geworfen worden sind, in unserer Zeitlichkeit um? Ist Ankommen wirklich ein erstrebenswertes Ziel? Bedeutet Ankommen nicht Lethargie und Stillstand? Geht es nicht ums Reisen an sich? Der Weg ist doch im Grunde das Ziel, oder? Und spielen in der Welt der Bahn nicht Wille und Vorstellung eine besondere Rolle, mehr jedenfalls als praktische Vernunft? Und dass nichts ohne Grund passiert – Nihil est sine ratione –, beweist uns die Bahn doch auch jeden Tag bei den Erklärungen zu Zugausfällen und Verspätungen. Zudem: Dass Zeit etwas Relatives ist, verrät ein einziger Blick auf eine Anzeigentafel in jedem deutschen Bahnhof.

Und dass eine Verspätung von 40 Minuten auch relativ zu betrachten ist, wurde mir und anderen bedauernswerten Reisenden an einem grauen Novembertag klar.

Schauplatz: Berlin Südkreuz. Reisegrund: eine Fahrt nach München, um Autoren zu besuchen. Äußere Umstände: Temperaturen knapp über dem Gefrierpunkt, dazu der berühmte Berliner Ostwind. Mit anderen Worten: Es war saukalt auf dem Bahnhof.

Der Zug, der – wenn ich mich recht erinnere – aus Hamburg kam, wurde mit einer Verspätung von 40 Minuten angekündigt – zu viel Zeit also, um sie bei Ostwind auf einem düsteren Bahnsteig zu verbringen.

Der Bahnhof Südkreuz ist kein Beispiel für einladende Architektur, will sagen: Hier steigt man ein oder aus – mehr nicht.

In der Halle aber gibt es zumindest zwei, drei Bäckereien mit ein paar Tischen. In eines dieser Pseudo-Cafés verzog ich mich, um einer drohenden Unterkühlung vorzubeugen. Viel gibt es in der Bahnhofshalle auch nicht zu sehen: das übliche Hin und Her in Vorstadtbahnhöfen. Ich las daher eher lustlos in einem Buch eines Konkurrenzverlages, als ich meinte, recht undeutlich die Fetzen einer Ansage zu vernehmen: Zug nach München ... Einfahrt ... geänderte Wagenreihung ...

Ein Blick auf die Uhr sagte mir, dass nun gerade einmal fünfzehn Minuten vergangen waren – mein Zug konnte das nicht sein, schließlich war er mit einer Verspätung von vierzig Minuten angekündigt worden. Andererseits: Wie viele Züge fuhren denn stündlich nach München? Und hieß die goldene **BAHNREGEL 1** nicht: Nimm den erstbesten Zug – du weißt nicht, wann der nächste kommt!

Ich hatte meinen Kaffee zum Glück schon bezahlt, konnte also sofort die Rolltreppe hochstürmen, dann die nächste zu meinem Bahnsteig wieder hinunter.

Meine Ahnung, konnte ich mit einem hektischen Blick auf die funktionierende Anzeigetafel feststellen, hatte mich nicht getrogen. Mein Zug nach München stand am vorgesehenen Gleis und schickte sich an, wieder abzufahren. Auf wundersame Weise hatte sich eine Verspätung von vierzig Minuten innerhalb kurzer Zeit auf fünfzehn reduziert.

Wie ein paar andere Reisende schaffte ich es noch, mich in eine offene Tür zu schieben, doch ich war sicher, dass gewiss mehr als die Hälfte der Menschen, die pünktlich am Gleis gestanden und dann die Botschaft von der Verspätung vernommen hatten, es nicht in diesen Zug geschafft hatten.

Als ich den Schaffner darauf ansprach, einen freundlichen älteren Herrn mit einem buschigen Schnauzbart, zuckte er nur mit den Achseln: »Für die Ansagen im Bahnhof sind wir nicht zuständig. Und freuen Sie sich doch, wenn unser Lokführer Zeit gutmacht und wir pünktlich in München ankommen.«

Wir kamen tatsächlich pünktlich in München an. Die Bahn hatte Zeit gutgemacht und mir gegen ihre Ankündigung 40 Minuten geschenkt – sehr frei nach

Albert Einstein: Zeit und Raum sind nicht absolut zu betrachten, sondern relativ. Und da konnte sich eine Verspätung schon einmal in Luft auflösen, was leider ansonsten – relativ – selten vorkam.

Inge, bist du noch dran?

Ich gestehe, die Bahn ist für mich lediglich ein Fortbewegungsmittel – ich möchte schnell und bequem von A nach B gelangen. Ich fahre nicht, um hier Menschen kennenzulernen oder um im Bordrestaurant Pasta zu essen, weil dort gerade höchst kulinarisch eine »Italienische Woche« begangen wird, und ich sammele auch keine Fotos von entlegenen Bahnhöfen, die ich fotografiere, um dann sofort wieder abzufahren. (Ja, solche Bahnhofsammler gibt es tatsächlich!)

Dass Zugfahren aber auch Theater sein kann – diese Erkenntnis bleibt nicht aus. Da inszenieren sich coole Rucksackreisende als weltläufige Antitouristen, oder Fußballfans führen schon auf der Anreise verfrühte Siegesfeiern auf, freundliche Mütter beweisen, dass antiautoritäre Erziehung auch in vollen Zügen nur bedingt funktioniert, Managertypen lassen Reisende an ihren möglicherweise erfolgreichen Geschäftsverhandlungen teilhaben, und einmal musste ich notgedrungen ein Gespräch zwischen einem Anwalt und einem Richter mitanhören, bei dem der Prozessverlauf mit anschließendem Urteil ausgekungelt wurde, was nicht nur mich, sondern auch andere Fahrgäste über alle Maßen verblüffte.

Am exemplarischsten aber war immer der typische Bahndialog – oder -monolog, wenn man so will, da man ja meistens lediglich einen Gesprächsteilnehmer mitbekommt.

Ein Smartphone klingelt. Reisender, älterer Herr in Hemd und Jackett, aber ohne Krawatte, sitzt an einem Laptop, schaut einen Film. Das Smartphone klingelt weiter. Erst als andere Reisende unruhig werden, bekommt er mit, dass es sein Gerät ist, das klingelt.

Reisender nimmt das Gespräch leicht irritiert an.

Ja, bin im Zug …

Pause von fünf Sekunden.

Ich weiß nicht …

Suchender Blick aus dem Fenster.

Kurz vor Hamm, glaube ich.

Anderer Teilnehmer spricht.

Zwanzig Minuten … Hatten in Hannover erst keinen Lokführer. Stell dir vor. Na, typisch Bahn. Leichtes Schnaufen. *Mussten dann noch auf irgendwelche Fahrtunterlagen warten.* Kurzes Auflachen. *Haben die wirklich durchgegeben. Als müsste man dem Lokführer sagen, wo er hinfahren muss.* Wieder ein Lachen.

Anderer Teilnehmer spricht.

Bin dann um kurz nach zehn in Bonn. Falls nicht noch was dazwischenkommt. Weiß man ja nie.

Anderer Teilnehmer spricht.

Ja, würde mich freuen, wenn du mich abholst. Welches Gleis? Musst du schauen. Weiß ich nicht genau … Sind da nicht wieder Bauarbeiten ... Hallo? Hörst du mich noch? ... Ja ... ich verstehe dich kaum noch ... Das Netz ist wirklich ... ist aber in Brandenburg noch schlechter ... hast du manchmal gar keine Ver... Inge, bist du noch dran? ... Fahr am besten in die Tiefgarage, und der Hund ... geht es ihm besser? Hat er noch Durchfall ... Inge? ... Hallo, hörst du mich noch? ... Bist du noch dran?

Leerer Blick auf das Display. Dann ein leichtes Achselzucken. Der Reisende versucht, die Verbindung wiederherzustellen, doch sein Blick verrät, dass er weder ein Frei- noch ein Besetztzeichen hört. Dann – nach einem weiteren Achselzucken – wendet er sich seinem Laptop zu und taucht wieder in dem Film ab, den er sich eben angeschaut hat.

Alles für die Katz

Mit der Bahn lässt sich ja eine Menge transportieren, selbst in einem ICE. Ich habe mich gelegentlich gewundert, dass manche Alleinreisenden tatsächlich mit drei riesigen Koffern unterwegs sein können. Imponiert haben mir insbesondere Musiker, die mächtig ausladende Instrumentenkoffer mit sich führten und es immer schafften, einen Platz dafür zu finden – selbst vor den gestrengen Augen der Schaffner, deren oberstes Ziel es war, dass »die Fluchtwege frei bleiben«. Eines Abends, im letzten Zug von Hamburg nach Berlin, musste ich erleben, wie eine junge Frau einen Schaffner buchstäblich auf Knien anflehte, sie nicht – wie von ihm angedroht – am nächsten Bahnhof rauszusetzen, nur weil ihr Rennrad den Weg versperrte. Zum Glück fand der Zugbegleiter eine Lösung: Man einigte sich, das Rad in eine Toilette zu verbannen und diese dann als nicht mehr funktionsfähig zu deklarieren.

Ein richtiges Abenteuer aber kann es sein, wenn Haustiere an Bord sind. In Hamm stieg einmal am frühen Abend eine junge Frau zu, deren ganzes Gepäck aus Katzenutensilien zu bestehen schien: zwei Katzenkörbe, ein Kratzbaum sowie Taschen mit etlichen Dosen Katzenfutter. Ein Katzenkorb wurde auf dem Sitz neben ihr deponiert, der andere unter den Tisch geschoben. Während die eine Katze ständig jaulte, verhielt sich die andere vollkommen still. Die junge Frau war dementsprechend absorbiert. Mit beruhigenden Worten, dabei eine Hand in den Korb haltend, sprach sie auf ihre Katze namens Mimi ein. Ja, es sei alles gut, man sei gleich da, dann könne sie, die Katze, wieder spielen gehen. So ging das in einer scheinbar unendlichen Schleife, so dass ich entschied, meine Kopfhörer aufzusetzen, um dieser Katzentherapie zu entgehen. (**BAHNREGEL 8:** Immer eigene Kopfhörer dabeihaben, will man nicht lange Beziehungstelefonate mitbekommen oder zuhören, wie etwa ein höchstdynamischer Bauingenieur aus seinem rollenden Büro seine Baustelle im Thüringer Wald managt.)

Nach einiger Zeit jedoch bemerkte ich, wie die junge Frau hektisch wurde, sich bückte, den anderen Katzenkorb hervornahm und wirklich so entsetzt aufschrie, dass sogar ich es hören konnte.

Der zweite Katzenkorb war leer. Offenbar war er nicht richtig geschlossen gewesen, und Katze Nummer zwei hatte sich selbständig gemacht und sich zwischen dösenden Bahnpassagieren davongeschlichen.

Wir waren nun seit Hamm schon über eine Stunde unterwegs und hatten an zwei Bahnhöfen gehalten.

Die junge Katzenhalterin fing an, auf Knien den Waggon abzusuchen. Katze Nummer 2 hieß Leo, ein Kater also, doch er zeigte sich nicht. Niemand schien ihn auch gesehen zu haben. Zwei andere Reisende schlossen sich der Suche an. »Leo, wo bist du?«, klang es nun aus diversen Richtungen im Waggon.

Doch nichts. Fehlanzeige. Leo schien die Fähigkeit zu haben, sich in Luft aufzulösen.

Bis aus dem nächsten Waggon ein lautes, unfreundliches Hundegebell zu hören war, und dann sauste ein kleiner grauer Schatten heran. Leo hatte offenbar ein anderes Haustier aufgeschreckt und beschlossen, den Rückzug anzutreten.

Mein Abend auf Gleis 6

Meine Bahncard habe ich – wie jedermann oder jedefrau auch – in Euro bezahlt, aber eigentlich gibt es im Kosmos der Bahn noch eine zweite Währung, die mindestens genauso hart ist: Sie heißt Geduld und misst sich in Zeit. Wir Bahnkunden müssen Unsummen von Geduld aufbringen – in Bahnhöfen, auf Plattformen, in Zügen und manchmal auch in telefonischen Warteschleifen. Irgendein Mathematikgenie sollte diese Summe einmal zusammenzählen, die wir Bahnreisenden Jahr für Jahr in dieser Währung bezahlen.

Ich fürchte: Gäben wir für jede Geduldsminute, die wir aufbringen, auch nur einen Euro – die Bahn wäre saniert, und Großprojekte wie Stuttgart 21 – oder muss es nun Stuttgart 27 heißen? – könnte man bar bezahlen.

An einem späten Nachmittag im September musste ich mein Geduldskonto für die Bahn reichlich überziehen. Einstieg in Berlin sollte wie üblich am Ostbahnhof erfolgen, damit ich dem Gewimmel und Gedränge am Hauptbahnhof entgehen konnte. Mein Zug wurde mit einer 20-minütigen Verspätung angezeigt, dann schließlich die wortkarge Ansage: Zug fällt aus.

Wohl oder übel musste ich mich mit der S-Bahn zum Hauptbahnhof aufmachen; dort sollte laut DB-Navigator pünktlich um 20 Minuten nach 18 Uhr ein Sprinter nach Köln abfahren. Mit dem Sprinter hat sich die Bahn im Prinzip etwas Gutes für Fernreisende einfallen lassen. Von Berlin Hauptbahnhof respektive Berlin-Spandau ohne Halt bis Köln in etwa vier Stunden ist eigentlich konkurrenzlos. Selbst mit dem Flugzeug ist man – wenn man den Weg zum Airport einrechnet – nicht schneller unterwegs.

Mit einer bangen Hoffnung, ob der Zug denn kommen würde, postierte ich mich auf Gleis 6 im Untergeschoss des Bahnhofs. Die Anzeige versprach eine pünktliche Abfahrt – die jedoch nicht erfolgte. Um 18 Uhr 20 war von einem Zug nichts zu sehen. Dann – zehn Minuten später, der Zug hätte längst unterwegs sein sollen – die spröde Anzeige: 20 Minuten Verspätung.

Dieses Spiel wiederholte sich noch zweimal. Jedes Mal wurden kurz vor der avisierten Abfahrt weitere 20 Minuten Geduldsbonus angezeigt, den die Bahn verlangte.

Etliche Reisende hatten die Hoffnung, auf einem anderen Gleis nach Köln bzw. Richtung Westen zu gelangen, doch vergeblich. Kein Zug lief ein, und ein oberes Gleis war zudem so überfüllt, dass man schon den Bahnsteig nicht mehr betreten konnte.

Nach der vierten angekündigten Verspätung – wieder 20 Minuten, darauf schien sich der Bahncomputer eingeschossen zu haben – unternahm ich den Versuch, in der DB-Lounge etwas zu erfahren, da am Gleis niemand von der Bahn aufgetaucht war. Von einem Oberleitungsschaden in Hannover war an der Rezeption die Rede, aber Genaueres wisse man leider nicht. Dann ein als privat deklarierter Hinweis eines Bahnmitarbeiters: Er glaube nicht, dass heute noch ein Zug Richtung Köln fahren werde. Und auf meine Frage, warum dann ständig eine neue Verspätung angekündigt werde, erntete ich nur ein mitleidiges Achselzucken. Da sei DB Fernverkehr verantwortlich – was solle man da machen?

Unterdessen ging das Spiel auf Gleis 6 munter weiter. Sprinter nach Köln – Verspätung 20 Minuten. Die ersten Reisenden hatten schon vor einiger Zeit die Geduld verloren und sich verabschiedet; die verbliebenen, die nicht in Berlin wohnten, rüsteten sich, ein Hotelzimmer für die Nacht zu suchen.

Mittlerweile war es auch ungemütlich kalt auf dem Bahnsteig 6 geworden. Nach der nächsten Ankündigung: Verspätung 20 Minuten – wir waren inzwischen bei 120 Minuten angekommen – war auch mein Geduldskonto erschöpft. Ich nahm meine Tasche und fuhr in meine Wohnung zurück, ein wenig über mich selbst verärgert, dass ich tatsächlich geglaubt hatte, der Zug würde noch kommen. Aber

davon, musste ich mir auch eingestehen, lebt die Bahn ja – dass sich das Geduldskonto ihrer Kundschaft nicht erschöpft, sondern sich täglich erneuert. Ich jedenfalls habe irgendwann aufgegeben, mir auszurechnen, wie viele Geduldsminuten mich die Bahn schon gekostet hat.

Kühe im Gleis

Eine Binsenweisheit: Alles ist Moden unterworfen – vermutlich sogar die Uniformen der Bahnmitarbeiterinnen und -mitarbeiter, obschon ich da über die Jahre nie große Unterschiede bemerkt habe. Hingegen war auffällig, dass die Erklärungen bzw. die Entschuldigungen der Bahn bei Verspätungen sich doch im Laufe der Zeit veränderten. Eine Zeit lang wurde als Grund für Verspätungen recht oft »Personenunfall« angegeben – dieser Begriff ist jedoch in den letzten Jahren völlig verschwunden. »Störungen im Betriebslauf« als Erklärung führte dann geraume Zeit die Hitliste an – übersetzt bedeutete das wohl: Wir sind zu spät, weil wir zu spät sind. Ein Dauerhit ist die Ansage: »Verzögerung wegen einer zu späten Bereitstellung des Zuges«, heißt im Klartext: Wir haben es leider nicht geschafft, diesen Zug pünktlich abfahrbereit zu machen.

Seit Kurzem gibt es eine neue Formulierung, die eine noch größere sprachliche Glanzleistung darstellt: Der Grund für Verspätungen sind »Maßnahmen zur Betriebsstabilisierung« – übersetzt: Wir stehen kurz vor dem Zusammenbruch und fahren im Notfallmodus – tut uns leid, aber da kommt jetzt kein Zug.

Im Sommer wird auch gelegentlich – neben dem beinahe unvermeidlichen Evergreen »Signalstörung« – »Böschungsbrand« als Grund für Verspätungen genannt. Ich musste deshalb einmal zwei Stunden auf eine Weiterfahrt warten; im Netz las ich später jedoch, dass genau an der Stelle, an der ein Böschungsbrand ausgebrochen sein sollte, ein IC liegengeblieben war. Die Passagiere hatten von der Feuerwehr in unwegsamem Gelände aus dem Zug befreit werden müssen – insofern war die Angabe der Bahn wohl korrekt, da Feuerwehrleute involviert waren.

Der Superhit für Verspätungen hieß jedoch in den letzten Jahren: »Personen im Gleis«, was vermutlich bedeuten soll: Leute, wir würden ja pünktlich fahren, aber da sind irgendwelche Idioten unterwegs, die uns aufhalten, ist aber nicht unsere Schuld, können wir also nichts dafür. Wenn ihr euch beschweren wollt, dann nicht bei uns, sondern macht das lieber bei den Lehrerinnen und Lehrern (oder unfähigen Eltern oder Politikern), die in den letzten 30 Jahren solche hirnlosen Gleisläufer herangezogen haben.

Eine Modifikation von »Personen im Gleis« erlebte ich an einem Montagmorgen kurz vor Bückeburg.

Zuerst wie in fast jedem Bahndrama: Wir halten auf der Strecke.

Durchsage: keine.

Dann – der Schaffner, ein wenig atemlos und nicht ganz flüssig: »Wir sind außerplanmäßig zum Halten gekommen. Bitte die Türen geschlossen halten. Wir werden unsere Fahrt gleich fortsetzen.«

Dann – nichts.

Wir stehen.

Eine weitere Minute ... fünf Minuten.

Nächste Durchsage: »Unsere Weiterfahrt wird sich leider noch ein wenig verzögern.«

Aber warum? Dazu – nichts!

Wir stehen.

Nach weiteren zehn Minuten die erklärende Nachricht. »Leider wird das Gleis vor uns durch entlaufene Kühe blockiert. Die Polizei bemüht sich, das Gleis zu räumen.«

Kühe im Gleis – allgemeines Gelächter im Waggon und Erleichterung, da wir nun endlich Bescheid wissen.

Ich versuche mir vorzustellen, wie Kühe auf die Gleise gelangt sein könnten. Halten die sich nicht meistens im Stall auf – oder hat es da einen kollektiven Ausbruchsversuch gegeben? Und wieso sollten gerade Gleise für Kühe interessant sein? Und – beinahe die wichtigste Frage, wenn man auf dem Weg zu seiner Arbeitsstelle ist: Wie lange mochte es dauern, Kühe von den Gleisen einzufangen?

Dazu die nächste Durchsage: »Leider ist es der Polizei noch nicht gelungen, die Kühe einzufangen.

Unsere Weiterfahrt wird sich daher noch ein wenig verzögern. Wir bitten um Verständnis.«

Cowboys schien es nicht in Bückeburg zu geben, und die Polizei war offenbar im Kühefangen nicht besonders geschult. Jedenfalls dauerte es weitere 30 Minuten, bevor sich unser Zug wieder in Bewegung setzte.

Voller Neugier blickte ich aus dem Fenster. Würde man irgendwo eine zusammengetriebene Kuhherde entdecken – umzingelt von Blaulicht? Doch leider war nichts zu sehen. Wir durchquerten einen kleinen langweiligen Bahnhof. Keine Viehtransporter am Wegesrand, keine Einsatzwagen der Polizei. Offenbar war die Herde schon weitergezogen, oder vielleicht – ganz vielleicht – hatte es sie so gar nicht gegeben.

Bitte benutzen Sie ein anderes Verkehrsmittel – oder gestrandet im Hamburger Hauptbahnhof

Autorinnen und Autoren auf Lesereisen zu begleiten ist für mich meistens eine große Freude. So war es auch im Oktober 2022 in meiner Lieblingsstadt Hamburg. Trotzdem machte ich mich am nächsten Tag, den 8. Oktober 2022, wieder so früh auf den Weg nach Köln, dass ich in meinem Hotel noch nicht einmal frühstücken konnte. Nun, einen Kaffee würde ich auch im Bahnhof bekommen, und dann stand einer störungsfreien Rückreise an diesem Samstag nichts mehr im Wege.

Leider kam es ganz anders – ich geriet in das größte Bahndesaster, das ich bis dato erlebt hatte. Und ich lernte ein paar Dinge, zum Beispiel, was Hamburg oder der Bahnverkehr in Norddeutschland mit Herne und Berlin-Karow zu tun haben und was es mit Lichtleiterkabeln auf sich hat.

Im Hamburger Hauptbahnhof herrschte gegen kurz nach 7 Uhr bereits Hochbetrieb. Fans des FC St. Pauli wollten zum Auswärtsspiel nach Braunschweig, andere Hamburger planten anscheinend, in die Herbstferien zu starten. Mein ICE nach Köln wurde als

pünktlich angekündigt, dann die erste Verspätungs-
anzeige: etwa 20 Minuten Verzögerung. Nichts Un-
gewöhnliches also. Mit meinem Kaffeebecher in der
Hand wappnete ich mich für diese Wartezeit.

Dann jedoch eine Durchsage anderer Art. Eine so-
nore Männerstimme verkündete sehr ernst: »Wegen
eines größeren Schadensfalls ist der Bahnverkehr in
Norddeutschland eingestellt. Nähere Informationen
erhalten Sie gegen 8 Uhr 30.« Dazu der noch besorg-
niserregendere Nachsatz: »Wenn möglich benutzen
Sie für Ihre Reise andere Verkehrsmittel. Wir bitten
um Verständnis.«

Hatte ich richtig gehört? Die Bahn bat ganz offiziell
darum, auf ihre Dienste zu verzichten, und hoffte auf
mein Verständnis?

Ja, die Durchsage wurde noch einmal wiederholt.
Ich versuchte kurz per Telefon einen Mietwagen-
service zu kontaktieren, aber landete lediglich in
einer Warteschleife; vermutlich war ich nun auch
bereits zu spät dran.

Die Bahnsteige hatten sich weiter gefüllt; die Unruhe unter den Reisenden nahm mit jeder Minute
zu. Wir harrten einerseits aus, andererseits fieberten
wir der nächsten Durchsage um 8 Uhr 30 entgegen.

Als die Uhr dann auf 8.30 wanderte, gab es erst
einmal – nichts. Keine Durchsage.

Ein Zug hatte den Bahnhof bis dahin nicht verlassen, kein ICE, kein Regionalzug, alles stand still.

Dann endlich die Durchsage, die aber lediglich eine Wiederholung der ersten war: »Wegen eines größeren Schadensfalls ist der Bahnverkehr in Norddeutschland eingestellt. Nähere Informationen in 30 Minuten.«

Leere Gesichter auf den Bahnsteigen. Sollten wir also weitere 30 Minuten warten. Mittlerweile machte sich auch unter den St.-Pauli-Fans Unruhe breit, dann jedoch erklärte einer von ihnen per Megaphon: »Leute, der Schaden bei der Bahn ist viel größer, als sie uns mitteilen. Wir fahren nun mit PKWs nach Braunschweig. Wer mitfahren will – wir treffen uns in fünf Minuten oben auf dem Vorplatz. Wir haben für alle Mitfahrgelegenheiten organisiert.«

Innerhalb von zwei Minuten waren die Fans verschwunden – und vermutlich sind sie alle, gut organisiert, wie sie waren, pünktlich zum Spiel in Braunschweig eingetroffen. Mit der Bahn – das sollte sich bald herausstellen – hätten sie es sicherlich nicht geschafft.

Wir Reisenden auf den Bahnsteigen wurden weiter vertröstet. Eine Durchsage lautete, gegen 10 Uhr 30 werde der Bahnverkehr langsam wieder einsetzen. Doch auch dann verließ kein Zug den Bahnhof. Von einem Kabelbrand irgendwo im Westen war plötzlich unter den wartenden Bahnkunden die Rede, davon, dass Autonome einen Brandanschlag verübt hatten, aber Genaueres wusste keiner.

Neben mir verlor ein Familienvater, der verzweifelt und vergeblich versucht hatte, ein Taxi aufzutreiben, die Geduld und brach in wüste Beschimpfungen aus. Er wollte mit Frau und zwei Kindern vom Airport Düsseldorf in die Ferien fliegen, aber daran war nicht mehr zu denken. Diese Maschine würde in gut drei Stunden ohne ihn abheben.

Dann gegen 11 Uhr die ersten Bewegungen im Bahnhof. Ein ICE fuhr auf meinem Gleis ein. Hoffnung keimte auf; gleich würde es losgehen. Die Anzeige flackerte ebenfalls wieder auf. ICE nach Köln – Abfahrt 12.22.

Ich schaffte es durch glückliche Umstände, mich so zu postieren, dass ich beim Öffnen der Türen sofort würde einsteigen können; für andere würde es jedoch zu einem fragwürdigen Abenteuer werden, denn bei den Menschenmassen am Gleis würde der Zug hoffnungslos überfüllt sein.

In dem Gedränge und Geschiebe um mich herum vermochte ich meinen Platz zu halten; auf einen Toilettengang im Bahnhof musste ich allerdings wohl oder übel verzichten. Niemals wieder wäre ich auf dieses völlig überfüllte Gleis gelangt.

Erneut kam die Durchsage, dass der Bahnverkehr in Norddeutschland langsam wieder anlaufen würde. In Norddeutschland vielleicht, jedoch nicht im Hamburger Hauptbahnhof. Auch an dem Zug unmittelbar vor mir tat sich nichts. Die angekündigte

Abfahrtszeit verstrich, ohne dass die Türen geöffnet wurden, und ein Bahnmitarbeiter war weder im Zug noch außerhalb in Sicht.

Dann, eine lange halbe Stunde später, fuhr der Zug ab – jedoch leer, ohne dass jemand eingestiegen war und ohne dass dafür eine Erklärung durchgegeben wurde.

Wir zahlreich Zurückgebliebenen auf dem Gleis schauten uns erstaunt an. Ja, die ersten Züge fuhren wieder, doch eindeutig ohne Passagiere.

Eine halbe Stunde später vernahm ich undeutlich die Durchsage, dass am Nebengleis ein ICE nach Koblenz einfahren würde. Sollte ich es wagen, mich durch die Menschenmassen auf das Nachbargleis durchzukämpfen? Doch meine Chancen, auch nur einen Fuß in diesen Zug zu setzen, waren durch meinen Standortnachteil denkbar schlecht. Alle Plattformen waren überfüllt, seit mehr als fünf Stunden versuchten Tausende von Reisenden Hamburg zu verlassen.

Ich entschloss mich, es trotzdem zu versuchen. Zum Glück hatte ich nur leichtes Gepäck. Ich schaffte es auch tatsächlich, durch dichtes Gedränge die Treppe hinauf- und dann am Nebengleis wieder hinunterzukommen. Der ICE war wie erwartet bereits total überfüllt, dennoch konnte ich mir einen ehrenvollen Stehplatz in der ersten Klasse sichern.

Dann, Minuten später, hallte allerdings die strenge Durchsage des Schaffners durch unseren Waggon:

»Der Zug ist so überfüllt, dass wir nicht abfahren können. Wir bitten Reisende, die in den Gängen Fluchtwege versperren, wieder auszusteigen und auf spätere Züge zu warten.«

Eine Viertelstunde lang wiederholte sich dieses Spiel, dann, ohne dass ich beobachtet hatte, dass jemand tatsächlich ausgestiegen war, fuhren wir los.

Der erste Halt war Münster, vorher wagte der Zug nicht zu halten, weil er keine weiteren Passagiere mehr aufnehmen konnte.

Mittlerweile war im Netz zu finden, was passiert war. Um 2 Uhr in der Nacht hatten Unbekannte bei Herne einen Betonschacht an einer Bahnlinie geöffnet und Leitungen zerschnitten, die für die Bahnkommunikation essenziell waren. Das allein hatte jedoch nicht für diese gravierende Betriebsstörung gesorgt. Gegen 6 Uhr 40 war in Berlin-Karow ein weiterer Schacht geöffnet und ein Datenkabel durchtrennt worden, das als Redundanz für die bei Herne zerstörte Leitung diente. Da diese sogenannten Lichtleiterkabel nicht mehr funktionsfähig waren, fiel das gesamte Zugfunknetz in Norddeutschland aus. Keine Kommunikation zwischen den Leitstellen und den Zügen war mehr möglich, und damit kam der Zugverkehr komplett zum Erliegen.

Wer genau für diesen Schaden verantwortlich war, ist noch immer nicht geklärt. Erst ging man von einem Anschlag aus, zuletzt aber hieß es, ver-

mutlich handelte es sich um zwei versuchte Kabeldiebstähle, die lediglich zufällig zur fast selben Zeit
geschehen seien.

Ich jedenfalls war sieben Stunden später als geplant in Köln – ab Duisburg hatte ich sogar einen
Sitzplatz.

Meine Verwunderung, wie einfach es offenbar
ist, den Bahnverkehr stillzulegen, indem man zwei
Kabel in offenbar schlecht gesicherten Schächten
durchtrennt, hält allerdings bis heute an.

Rotwein und der beste Kellner der Welt

Manchmal wartet man schon darauf: auf die launigen Durchsagen der Zugbegleiter – gerne auch in einer Sprache, die dem Englischen ähneln soll –, dass im Bordrestaurant nun der Tisch für das Frühstück oder das Mittagessen gedeckt und dass auch wohlschmeckender Filterkaffee für die Reisenden frisch aufgebrüht worden sei. Ich habe dieses Angebot selten in Anspruch genommen, weil ein schwarzes Koffeingebräu, mit Kondensmilch verfeinert, nicht zu meinen Lieblingsgetränken gehört, aber das ist wie vieles Geschmackssache.

Ein Blick in die Geschichte zeigt, dass es seit 1880 Speisewagen bei der Bahn gibt. Die Berlin-Anhalter-Eisenbahn versuchte den Wettbewerbsnachteil, dass sie langsamer unterwegs war, auszugleichen, indem sie zwischen Weimar und Bebra – später zwischen Berlin und Bebra – einen Speisewagen einsetzte. Aber erst als die sogenannten Durchgangszüge – kurz: D-Züge – eingeführt wurden, in denen Reisende während der Fahrt von einem Waggon in den nächsten wechseln konnten, setzten mehr Betreiber Speisewagen ein – jedoch nicht unbedingt für Passagiere der dritten Klasse. Sie mussten nachlösen, wenn sie den Speisewagen aufsuchen wollten.

1916 wurde die MITROPA gegründet – die Mitteleuropäische Schlafwagen- und Speisewagen-Aktien-Gesellschaft –, die nach 1945 in der DDR weiterbetrieben wurde und in Bahnhöfen Geschäfte – sogar Friseursalons – betrieb. Nach der Wiedervereinigung blieb die MITROPA zunächst bestehen und hatte 1991 über hunderttausend Mitarbeiter in Zügen, Gaststätten, Hotels und auf Schiffen. Wenige Jahre später, nachdem die Deutsche Bahn und die Reichsbahn fusioniert hatten, wurde die MITROPA dann verkauft. Ihr Name allerdings hat sich vielen Reisenden eingeprägt.

Anders als zu den großen Zeiten der MITROPA, als sogar opulente Mahlzeiten angeboten wurden, hat nun die Mikrowelle Einzug gehalten. Und ausgebildete Köche sind natürlich auch nicht mehr an Bord. Fertiggerichte stehen auf dem Speiseplan – solange das Angebot reicht. Besonders bei längeren Verspätungen heißt es für hungrige Reisende schnell zu sein. Der Vorrat an Croissants oder Currywurst ist sehr begrenzt.

Nach einem längeren Stopp vor Wolfsburg – Personen im Gleis! – und einer fast einstündigen Verspätung nutzte ich das Angebot, mich in der ersten Klasse, in der ich ausnahmsweise reise, am Platz

bedienen zu lassen. Ich gestehe, ich bestellte eine vegane Currywurst. Der Zugbegleiter, der meine Order aufnahm und dann auch servierte, kommentierte jede Bestellung. Vegane Currywurst – eine gute Wahl. Noch ein Bier dazu oder Rotwein? Er schaffte es, seine Kundschaft trotz Verspätung in eine ausgelassene Stimmung zu versetzen. Mehr Rotwein als üblich wurde geordert. Empfehlungen für gewisse Speisen wurden ausgesprochen. Man konnte beinahe das Gefühl haben, sich spätabends in ein italienisches Restaurant verirrt zu haben, in dem der Besitzer ein launiges Regiment führte. Und ja, es blieb einem beinahe nichts anderes übrig, als auch Rotwein zu bestellen. Heute habe man, so die Ankündigung, besten Rotwein von der Ahr auf Lager, und der Zugbegleiter gab zudem preis, dass er schon in Fünf-Sterne-Hotels und auf Kreuzfahrtschiffen gewirkt habe, doch nirgendwo sei es so spannend wie bei der Bahn. Jede Verspätung sei ein Abenteuer, und manchmal wisse er gar nicht, wo er abends übernachten würde. Außerdem – das hörten wir Reisenden gerne – sei das Publikum in der Bahn doch viel aufgeschlossener und auch jünger als auf einem Kreuzfahrtschiff. Da könnte einem ein wohlhabender Greis nach dem Frühstück schon einmal ohnmächtig vor die Füße fallen.

Kurz vor Hagen jedoch – die Stimmung wurde immer ausgelassener, und auch die Länge unserer

Verspätung spielte keine Rolle mehr – musste unser kundenfreundlicher Zugbegleiter den Stecker ziehen: Sorry, Leute, letzte Runde, der Rotwein ist aus, und bis Köln beliefert mich keiner mehr. Wir sind halt bei der Bahn, aber das versteht ihr ja sicher. Gute Reise noch!

(**BAHNREGEL 10:** Sei freundlich zum Personal an Bord – es kann in der Regel nichts dafür, dass der Zug steht, dass ein Signal gestört ist, dass Kühe ein Gleis versperren usw.)

Schnee in Leipzig Hauptbahnhof

Auf Messen freut man sich zweimal – einmal, wenn sie beginnen, dann, zweitens, wenn sie erfolgreich zu Ende gehen. So war es für mich auch in Leipzig im Frühjahr 2019.

Gegen Mittag wollte ich Leipzig Richtung Berlin verlassen. Dass morgens ein paar Schneeflocken vom Himmel rieselten, ließ noch nichts Böses erahnen. Es war zudem zwar kalt, aber nicht so kalt, dass Gefahr im Verzug zu sein schien.

Als ich mit einer Kollegin am Leipziger Hauptbahnhof eintraf, freuten wir uns tatsächlich, dass ein ICE nach Berlin noch bereitstand, der offenkundig Verspätung hatte. Wir fanden sogar einen Platz, machten es uns bequem und warteten auf die Abfahrt. Die allerdings erfolgte nicht.

Immer mehr Reisende strömten nach, die sich, genauso naiv wie wir, freuten, sofort den Zug besteigen zu können. Doch nichts tat sich.

Erst nach 20 Minuten kam die Durchsage: Wegen einer eingefrorenen Weiche könne leider kein Zug den Hauptbahnhof Leipzig verlassen.

Moment, eine eingefrorene Weiche reichte aus, einen Bahnhof lahmzulegen? Das konnte doch wohl nicht sein!

Ob es draußen schneite, war in der weitläufigen Leipziger Bahnhofshalle nicht zu erkennen, aber sehr wohl sahen wir, dass tatsächlich kein Zug abfuhr.

Eine weitere Durchsage sollte uns dann allem Anschein nach beruhigen: Arbeitstrupps seien an der Weiche eingetroffen und versuchten, sie wieder funktionsfähig zu machen. Weitere Nachrichten würden folgen.

Immer weitere auf schnelle Abreise hoffende Bahnkunden rückten nach, so dass der Zug nun bereits überfüllt war – unter ihnen war auch ein Kollege, der die Situation sofort anders einschätzte. »Wie lange seid ihr schon hier?«, lautete seine sehr berechtigte Frage an uns. Fast eine Stunde, mussten wir einräumen – mit dem ein wenig verlegen vorgebrachten Zusatz: Und da stand der Zug auch schon geraume Zeit am Gleis.

Der Kollege lächelte. »Dann tut sich hier heute nichts mehr. Wir müssen einen Mietwagen nehmen.«

Die nächste Mietwagenstation lag an einem Seitenausgang des Bahnhofs. Natürlich waren wir nicht als Erste auf die Idee gekommen, per Auto weiterzureisen.

Dem Mann an der Rezeption stand die Röte schon ins Gesicht geschrieben; diesen Andrang war er nicht gewöhnt. Hektisch telefonierte er, während wir auf unbequemen Plastikstühlen abwarteten – insgesamt nun fünf Schicksalsgenossen, die nach Berlin wollten und es aufgegeben hatten, auf die Bahn zu hoffen. Draußen hatte leichter Schneefall eingesetzt, aber der Schnee blieb nicht liegen. Dazu war es nicht kalt genug – anscheinend hatte nur diese eine Weiche im Bahnhof Schüttelfrost.

Nach 30 Minuten erreichte uns die erlösende Nachricht. Wir hatten den wirklich allerletzten freien Mietwagen dieser Station bekommen. Während etwa zwei Dutzend potenzielle Mietwagenkunden enttäuscht abziehen mussten, machten wir uns zu unserem Wagen auf. Als wir einstiegen, hatte es zu schneien aufgehört, es lugte sogar die Sonne hervor.

»Ob der Zug wohl heute noch abfährt?«, fragte meine Kollegin.

»Nicht vor Mitternacht«, meinte der Kollege, der den Mietwagen organisiert hatte, lächelnd. Dann rasten wir los, fünf Passagiere in einem kleinen Ford – Richtung Dresden, komplett falsch, wie wir nach etwa 50 Kilometern bemerkten, aber egal, wir waren unterwegs und kamen dann auch am frühen Abend wohlbehalten in Berlin an.

Köln hat einen Dachschaden

Für jeden Köln-Reisenden ist es ein Erlebnis: Die Einfahrt über den Rhein direkt auf den Dom zu, dann knicken die Gleise ab, und der Zug rollt in den Bahnhof ein. Klar, dass dieses Erlebnis von der Bahn mit Hochspannung vorbereitet wird, was bedeutet, dass einfahrende Züge meistens wegen noch besetzter Gleise minutenlang auf der Brücke stehen, bis sie einlaufen dürfen. Ich habe unzählige Male beobachten müssen, wie, während mein ICE in Habachtstellung verharrte, meine S-Bahn in den Kölner Norden fröhlich an mir vorbeirauschte. Bei einem abendlichen 30-Minuten-Takt – mit der zusätzlichen Chance, dass jede zweite Bahn ausfällt – keine sehr erfreuliche Beobachtung. Der Idee, dass ICEs auch im Bahnhof Köln-Deutz, also vor der Brücke halten könnten, um Reisende aussteigen zu lassen, ist die Bahn nur für zwei Jahre nachgekommen. Dann wurde dieser Halt wieder gestrichen.

1894 wurde die Kölner Bahnhofshalle, die auf den Fundamenten des alten Centralbahnhofs stand, fertiggestellt, während die Hohenzollernbrücke als Ersatz der Dombrücke von 1859 im Jahr 1911 von Kaiser Wilhelm II. höchstpersönlich eingeweiht wurde. Wie preußisch diese Brücke ist, beweisen auch die vier Reiterstandbilder von preußischen Königen, die bis heute an den links- respektive an den rechtsrheinischen Rampen Wache stehen. (Aber na ja, seien wir ehrlich, der Kölner Dom wäre nach über sechshundert Jahren Bauzeit ohne die Hilfe der Preußen vermutlich ebenfalls nie fertig geworden. Die Kölner hätten auch mit einer Domruine, auf der seit dem 14. Jahrhundert ein hölzerner Kran vor sich hinschimmelte, weiterleben können.) Wie die gesamte Kölner Innenstadt wurde auch der Hauptbahnhof im Zweiten Weltkrieg schwer beschädigt. Komplett abgerissen wurde die alte Bahnhofshalle – weil den Kölnern nun doch zu preußisch in ihrer Architektur – jedoch erst im Jahr 1955. Seit 1957 dürfen die Kölner sich an der schmucklosen Fassade zum Dom hin erfreuen, aber immerhin ist dieser Haupteingang einigermaßen hell und freundlich. Ein Spaziergang am alten Wartesaal vorbei durch die Bahnunterführung ist jedenfalls für zartere Gemüter schon aus hygienischen Gründen nicht empfehlenswert – besonders nicht zu einer wärmeren Jahreszeit.

Im Jahr 1997 kam die Bahn auf die Idee, aus dem Bahnhof unterhalb der elf Gleise ein Einkaufszentrum zu machen. Alles wurde generalsaniert, und es wurde Platz für siebzig Geschäfte geschaffen. Aber offenbar hatte diese Sanierung ihre Tücken.

An einem verregneten Montagmorgen wären mir diese Tücken beinahe zum Verhängnis geworden. Meine S-Bahn um kurz nach 5 hatte ihre übliche leichte Verspätung. Ich war also in Eile, um von Gleis 10 auf Gleis 2 zu gelangen. Übersehen hatte ich jedoch nach dem Ausstieg den ersten Eimer, der das Regenwasser auffangen sollte, das durch das Dach tropfte. Der Bahnsteig war so rutschig, dass ich beinahe zur Treppe und die ersten drei Stufen hinuntergeschlittert wäre. Eine harte Landung auf Stufe vier konnte ich noch knapp verhindern, indem ich mich am Handlauf festhielt. Dann erst bemerkte ich auf der Treppe die nächsten zwei Eimer, in die es aus ein paar Metern Höhe melodisch hineinplätscherte. Nun endlich war ich gewarnt. Hier war keine Eile angesagt, sondern gefährliche Rutschgefahr. Im Untergeschoss fingen dann die nächsten Eimer, um die Reisende sich herumschlängeln mussten, das Regenwasser auf, das sich seinen Weg auch in diesen Winkel bahnte.

Zum Glück, dachte ich, regnet es in Köln höchstens 120 Tage im Jahr.

Mit nassen Sohlen, aber ohne jeden Sturz erreichte ich meinen Zug. Ich kam auch pünktlich und trocken in Berlin Hauptbahnhof an.

Doch was sah ich zuerst, als wir auf Gleis 12 einliefen? Ja, konnte ich wirklich meinen Augen trauen? Da stand ein blauer Putzeimer, um das Wasser aufzufangen, das durch die Bahnhofsdecke tropfte. Als leise Warnung hatte man hier allerdings eine knie-hohe gelbe Absperrung davor postiert.

»Tut mir leid – wir haben keinen Strom mehr.«

Vor etwa zehn Jahren, als in Deutschland noch eine funktionierende Solarindustrie vorhanden war, gab es einen TV-Werbespot eines deutschen Herstellers von Solarmodulen mit dem Fußballspieler Lukas Podolski: Als bei einem älteren Nachbarn, während er mit seiner Familie Fernsehen schaut, Licht und TV-Gerät mit einem Schlag ausgehen, läuft er verzweifelt zu Podolski ins Nebenhaus und fragt: »Lukas, hast du noch Strom?« Der Fußballer grinst sein Podolski-Grinsen. »Na klar habe ich Strom.« Dann wechselt das Bild zum Dach seines Einfamilienhauses, auf dem etliche Photovoltaikpaneele funkeln.

So ein wenig wie Podolskis Nachbar fühlte ich mich auch, als mein ICE von Berlin an einem Herbsttag in der Kleinstadt Herford stoppte, ein Halt, der eindeutig nicht vorgesehen war.

Nach der üblichen Wartezeit kam die Durchsage: »Wir haben leider keinen Strom mehr. Deshalb ist unser Zug hier zum Stehen gekommen.« Dann erklärte der Zugchef, dass er nun zudem die Türen freigeben werde. Raucher könnten also gerne aussteigen und sich auf dem Bahnsteig an den vorgegebenen Stellen eine Zigarette anstecken, um die Wartezeit zu überbrücken.

Freigegebene Türen sind immer ein absolutes Warnzeichen, übersetzt bedeutet es: Hier, liebe Fahrgäste, geht es erst einmal nicht mehr weiter.

Aber wieso konnte uns einfach so der Strom ausgehen? An einer nicht bezahlten Rechnung konnte es – trotz der erheblichen Bahnverluste – wohl kaum gelegen haben.

Bei der Bahn kümmert sich die Tochtergesellschaft DB Energie GmbH um die Versorgung von Strom und Diesel. Die elektrische Energie bezieht die Bahn durch ein eigenes Netz, das fast 8.000 Kilometer lang ist. 25.000 Masten werden zudem für den Transport des Stroms benötigt. Der jährliche Bedarf an Strom liegt bei elf Terawattstunden, also elf Milliarden Kilowattstunden. Die Stadt Berlin hat einen ähnlichen Energieverbrauch. Im Jahr 2020 kamen laut Bahnangaben 61 Prozent aus erneuerbaren Energiequellen, also vornehmlich Wind, Sonne, aber auch Wasserkraft. Aber neben Strom ist Diesel eine wichtige Energiequelle. Fast 450.000 Millionen Liter Diesel werden jedes Jahr für Züge gebraucht.

Eine Diesellok hätte ich mir zumindest kurzzeitig auch in meinem ICE in Herford gewünscht. In Bielefeld, der Stadt, die ja eigentlich nicht existiert, gab es, wie wir dann nach einer halben Stunde Wartezeit erfuhren, einen größeren Oberleitungsschaden, sprich: keine Stromversorgung mehr. Im Zwanzig-Minuten-Takt versicherte der Zugchef uns freundlich entspannt, dass Arbeitstrupps bereits vor Ort und im Einsatz seien.

Auf dem Bahnsteig hatten sich mittlerweile nicht nur Raucher, sondern auch andere Fahrgäste eingefunden. Einige Reisende, die lediglich nach Bielefeld oder Hamm wollten, erfreuten die örtlichen Taxiunternehmer und stiegen aufs Auto um. Ich überlegte tatsächlich, ins Marta Herford zu gehen, ein Museum für zeitgenössische Kunst, das nur 300 Meter entfernt vom Bahnhof liegt. Doch dann war mein Glaube an die Kunst der Bahntrupps doch stärker.

Und ich wurde nicht enttäuscht. Nach etwa drei Stunden war das Problem gelöst. Wir hatten wieder Strom, und das Marta in Herford muss weiter auf meinen Besuch warten.

Hindernisrennen dank Schaffner

Wenn es für Reisende gut läuft, dann rauscht auf Gleis 6 oder 7 im Berliner Ostbahnhof in jeder Stunde pünktlich ein ICE-Doppelzug heran, der dann etwa 900 Fahrgäste via Hauptbahnhof und Spandau in Richtung Westen bringt. Von allen Bahnstrecken ist diese Verbindung eine mit der höchsten Auslastung. Wie hoch die Auslastung genau ist, hat 2020 der Bundestagsabgeordnete Dr. Christian Jung (FDP) von der Bundesregierung erfahren wollen. Die Antwort des zuständigen Staatssekretärs Enak Ferlemanns lautete tatsächlich (zitiert nach »Drucksache 19/25571 – 124 – Deutscher Bundestag – 19. Wahlperiode«): »Nach Auskunft der Deutschen Bahn AG (DB AG) handelt es sich bei den Auslastungszahlen um besonders sensible Betriebs- und Geschäftsgeheimnisse, die auch das fiskalische Interesse des Bundes betreffen. Ihre Offenlegung würde das wirtschaftliche Handeln der DB AG deutlich beeinträchtigen und könnte erhebliche Wettbewerbsnachteile nach sich ziehen. Eine Kenntnis der Auslastungszahlen würde es konkurrierenden Mobilitätsanbietern ermöglichen, ihr Verhalten entsprechend zu Lasten der DB AG auszurichten. Vor allem die einseitige Veröffentlichung von Betriebs- und Geschäftsgeheimnissen nur eines Markt-teilnehmers könnte die DB AG im Wettbewerb be-nachteiligen.«

Ja, Konkurrenz mag die Bahn nicht besonders, somit veröffentlicht sie nicht einmal leicht zu über-schlagende Zahlen von Reisenden.

Wenn aber, was leider wiederholt vorkam, nur ein einfacher ICE im Ostbahnhof einlief, also ohne den zweiten Zugteil, dann wusste ich, dass spätestens im Berliner Hauptbahnhof das Chaos ausbrechen würde, will sagen, eine unerfreuliche Überfüllung drohte. Für diesen Fall hatte ich meistens einen Voucher in der Tasche, so dass ich mir per Upgrade einen Platz in der ersten Klasse sicherte, die dann zumindest nicht komplett überfüllt war.

Von dem letzten großen Abenteuer Deutschlands – dem Entkupplungsmanöver der beiden Doppelzüge in Hamm – war schon die Rede. In der Tat habe ich immer mit einer gewissen Anspannung auf die Uhr geschaut, wie lange es denn dauerte, bis mein Zug-teil in Hamm wieder abfuhr.

Ein besonderes Abenteuer erlebte ich jedoch auf einer Fahrt, als uns nach Bielefeld mitgeteilt wurde, dass es bei der Beschriftung des Zuges einen Irr-tum gegeben habe. Die Zugnummern seien ver-tauscht worden. Der erste Zugteil fahre nicht wie angegeben nach Köln, sondern nach Düsseldorf; der hintere jedoch sei der Kölner Zug. Alle Reisenden wurden gebeten in den für sie korrekten Zugteil umzusteigen.

Kann man sich das Tohuwabohu vorstellen? (Der Begriff stammt aus dem Hebräischen und bezeichnet »das Chaos vor der Schöpfung« – passt doch irgendwie zur Bahn.) 400 Passagiere aus dem ersten Zugteil plus Gepäck wandern hektisch und gänzlich unentspannt in Hamm nach hinten, um in Zug Nummer 2 wieder Platz zu nehmen. Ihnen kommen etwa vierhundert Passagiere, gleichfalls nicht bester Stimmung, mit Gepäck entgegen, die in den vorderen Zugteil einsteigen sollen. Das Ganze orchestriert von Schaffnern, die aufgeregt hin und her laufen. Klar, dass auch nicht jeder wieder im richtigen Wagen landete, sondern noch minutenlang den korrekten Sitzplatz suchen musste.

Ich fragte mich bei dieser Prozedur, ob man nicht einfach per Mausklick oder, falls noch Disketten im Spiel waren, durch den Austausch der Zugnummern die Völkerwanderung hätte vermeiden können, aber diese Frage wäre vermutlich bei den gestressten Zugbegleitern auf komplettes Unverständnis gestoßen oder als Besserwisserei eines Laien ausgelegt worden.

Nun, nach gut zehn Minuten, nachdem auch ein paar Raucher, die die Gelegenheit genutzt hatten, um sich einen Nikotinstoß zu gönnen, wieder eingestiegen waren, war die Umsiedlung erfolgreich

abgeschlossen. Wir konnten wieder abfahren – nach Düsseldorf oder Köln. Und wer im falschen Zugteil sitzen geblieben war und an dieser Fitnessübung der Bahn nicht teilgenommen hatte, der hatte einfach Pech gehabt. Ich bin sicher, dass einige Fahrgäste, die der deutschen Sprache nicht mächtig waren – eine englische Ansage gab es zu dieser komplizierten Umsiedlung aus einsehbaren Gründen nicht –, sich irgendwann in der falschen Stadt wiedergefunden haben.

Last Exit: Osnabrück

Am 20. Dezember 2023 sagte ich nach 30 Jahren meinem Zweitwohnsitz Berlin Adieu. Ich übergab meine Wohnung ordnungsgemäß an meinen Vermieter und machte mich mit den Resten meines Umzugs – zwei megaschweren Koffern – zum Ostbahnhof auf. Zur Feier dieses Abschieds hatte ich mir einen Platz in der ersten Klasse reserviert. Nichts wünschte ich mir nun sehnlicher, als störungsfrei nach Köln zu reisen – zumal mit dem unhandlichsten Gepäck, das ich in den letzten Jahren bei mir gehabt hatte.

Der Zug war gut gefüllt, aber nicht überfüllt. Nachdem ich die schweren Koffer endlich verstaut hatte, machte ich es mir auf meinem Sitz bequem. Zwei Wochen Weihnachtsferien lagen vor mir – am Abend sollten dann auch in Köln die Vorbereitungen für das Weihnachtsfest beginnen.

Kurz nachdem wir den Hauptbahnhof verlassen hatten, fiel mein Blick ziemlich beiläufig auf den Bildschirm, der oben im Waggon von der Decke hing. Da wurden die nächsten Stationen angezeigt: Berlin-Spandau, Wolfsburg und Hannover. Jedoch – die Haltepunkte Wolfsburg und Hannover waren mit einem gelben Balken versehen, also durchgestrichen.

Eine böse Ahnung stieg in mir auf. Es konnte doch wohl nicht sein, dass mir die Bahn bei meiner letzten Fahrt in diesem Jahr eine böse Überraschung bereiten würde ...

Ich hatte den Gedanken noch nicht zu Ende gedacht, als eine freundliche Frauenstimme durchsagte: »Wegen eines Unwetters in Norddeutschland fährt unser Zug heute leider nur bis Berlin-Spandau. Wir bitten alle Reisenden, dort auszusteigen. Für Informationen bezüglich einer etwaigen Weiterfahrt wenden Sie sich bitte an den Service-Point in der Haupthalle. Wir bitten um Verständnis.«

Verständnis? Ich blickte aus dem Fenster. Ein wie gewöhnlich grauer Himmel blickte zurück – während um mich herum bereits die Koffer aus den Ablagen geholt wurden. Der eine oder andere Reisende grummelte seinen Missmut vor sich hin, doch ansonsten taten wir das, was die Zugbegleiterin von uns verlangt hatte: Wir schickten uns gehorsam an, den Zug zu verlassen.

Doch was nun? Ich versuchte, meinen Ärger zu unterdrücken, und mir über das weitere Vorgehen klarzuwerden. Dieser ICE fuhr nicht mehr, und vermutlich würden an diesem Tag auch keine weiteren mehr fahren. Ich hatte keine Wohnung mehr in Berlin, konnte also dorthin nicht zurück. Ich könnte mich bei einem Freund melden, der sich kurz vor Weihnachten bestimmt über einen Überraschungs-

gast freuen würde. Oder ich könnte in ein Hotel in Spandau gehen oder versuchen, einen Mietwagen aufzutun oder mich einer Fahrgemeinschaft gen Westen anschließen …

Nachdem ich meine zwei überbreiten Koffer aus dem ICE gehievt hatte, entdeckte ich auf dem gegenüberliegenden Gleis einen Zug, der offenbar im Begriff war, abzufahren.

»Sie fahren?«, fragte ich den Schaffner, der neben der letzten offenen Tür des ICEs stand und sich anschickte, das Zeichen zur Abfahrt zu geben. »Wohin genau?«

Der Zugbegleiter sah mich an. »Klar fahren wir. Nach Hamburg. Wollen Sie noch mit?«

Hamburg war nicht genau meine Richtung, aber kurz entschlossen hievte ich mein Gepäck in den Zug und fand sogar einen freien Sitz und Platz für meine Koffer.

Störungsfrei und nur mit 25-minütiger Verspätung erreichten wir tatsächlich Hamburg. Von einem Unwetter war nichts zu sehen. Doch mein DB-Navigator verriet mir, dass es mit einer Weiterfahrt nach Köln vermutlich nichts werden würde. Das Bahnchaos hatte ganz Norddeutschland erfasst; kaum noch ein Zug fuhr, und wenn, dann waren es Regionalzüge oder S-Bahnen.

In Hamburg, das ich gegen 18 Uhr erreicht hatte, erwartete mich ein Bahnhof voller Gestrandeter. Die

Bahnsteige waren vollkommen überfüllt, Ansagen schwirrten durch die Halle. Hier fiel ein Zug aus, dort sollte noch einer eintreffen.

Auf einem bestimmten Gleis, erfuhr ich, sollte eine Regionalbahn nach Bremen einfahren – immerhin, das war meine Richtung. Dann würde ich zumindest etwa 120 Kilometer gen Westen hinter mich bringen.

Mit meinen überdimensionalen Koffern auf einen überfüllten Bahnsteig zu gelangen, war schon eine Herausforderung, dann folgte obendrein die Durchsage, der angekündigte Zug falle aus, aber ein anderer erhalte gleich Einfahrt, allerdings am anderen Ende des Bahnsteigs.

Ein paar Hundert Reisende schoben sich also von einem Ende der Bahnhofshalle zum anderen; ich mittendrin, verschwitzt, mit schmerzenden Armen und meinen zwei tonnenschweren Koffern, an denen aber zum Glück die Rollen noch funktionierten.

Der Zug kam tatsächlich, und es herrschte ein Gedränge, als würde irgendwo jemand 100-Euro-Scheine verteilen, dabei ging es nur darum, irgendwie in diesen für diesen Tag vermutlich letzten Zug nach Bremen zu gelangen.

Ich fand gegen jede Erwartung einen Sitzplatz, umringt von Bahnkunden, die sich aneinanderdrückten und alles taten, um sich nicht auf den Füßen zu stehen.

Nach endlos langen Minuten, in denen ich fürchtete, ein Schaffner würde die Weiterfahrt wegen

Überfüllung absagen, ruckelte der Zug an und nahm gemächlich Fahrt auf.

Wir hielten beinahe an jedem Bahnhof zwischen Hamburg und Bremen, und da linksseitig die Türen in unserem Waggon defekt waren, musste jeder Ausstiegswillige sich mühsam und mit seiner ganzen Körperkraft in den nächsten Wagen vorarbeiten, falls der Ausstieg linkerhand lag, was leider mehrmals vorkam.

Aber immerhin … Bremen kam näher. Es ging nun auf 21 Uhr zu. Ich war seit mehr als fünf Stunden unterwegs. Einen Zug nach Köln würde ich in Bremen nicht mehr erwischen, erklärte mir der DB-Navigator, aber ein letzter Regionalexpress wurde angezeigt – nach Osnabrück, meiner Heimatstadt, in der jetzt mein Sohn mit seiner Familie lebte, der ohnehin am nächsten Tag mit dem Auto zum Weihnachtsfest nach Köln fahren wollte.

Alle Bahngestressten, für die die Parole Go west! galt, trafen sich auf einem kalten Bahnsteig in Bremen. Daher war auch der nächste Zug überfüllt, doch die Stimmung hatte sich merklich aufgeheitert. Wir wussten nun ja, dass bald das Ende unserer Reise gekommen war. Last Exit: Osnabrück. Von dort würde es in dieser Nacht nicht mehr weitergehen.

Auch dieser Regionalexpress hielt an Orten, die ich noch nie gehört hatte: Bassum, Twistringen, Barnstorf …

Doch gegen Mitternacht – nach mehr als acht Stunden Fahrt – hatten wir Osnabrück erreicht. Ich war mittlerweile hungrig, dehydriert und spürte eine kommende Erkältung, doch immerhin hatte ich es bis 200 Kilometer vor Köln geschafft.

Mein Sohn erwartete mich. »So viele Autos«, meinte er, »habe ich hier auf dem Vorplatz noch nie gesehen.«

Tatsächlich hatten sich zahlreiche Abholer aus Dortmund, Münster, Rheine eingefunden, um Gestrandete aufzulesen.

Am nächsten Tag gelangten wir gemeinsam mit dem Auto nach Köln, am übernächsten brach die Erkältung, die ich mir im Regionalexpress eingefangen hatte, endgültig aus. Die Weihnachtstage verbrachte ich daher mit Fieber und Schüttelfrost im Bett. Eine wirklich schöne Bescherung – vielen Dank auch, liebe Bahn.

Was hier nicht zur Sprache kam

Wie schnell fuhr der Orientexpress von Miss Marple?
Eine Geschwindigkeit von mehr als 120 Kilometer in der Stunde war die Ausnahme. Von Paris nach Istanbul war der Zug etwa sechs Tage unterwegs.

Warum versteht man nur im Deutschen Bahnhof?
»Bahnhof« wurde im Ersten Weltkrieg für die Soldaten mit »Heimkehr« gleichgesetzt, was bedeutete, dass die zumeist jungen Männer, wenn sie an ihre Heimkehr dachten, an nichts anderes mehr denken bzw. sich auf nichts anderes mehr konzentrieren konnten.

Was heißt »Verspätung« auf Japanisch?
Japan hat eines der dichtesten Schienennetze der Welt. Die Pünktlichkeit der Züge dort ist legendär. Der Hochgeschwindigkeitszug Shinkansen hat zwischen Tokio und Osaka – etwa 515 Kilometer liegen zwischen beiden Städten– eine durchschnittliche Verspätung von 20 Sekunden. Bei einer Verspätung von fünf Minuten entschuldigt sich der Zugbegleiter und stellt Verspätungsgutscheine aus.

Wie lange braucht der Zug nach Nirgendwo?
»Es führt ein Zug nach Nirgendwo, den es gestern noch nicht gab.« Anfragen bitte an den Sänger und Komponisten Christan Anders.

Für welche Leistung hat der Bahnvorstand rückwirkend für das Jahr 2022 fast fünf Millionen an Boni erhalten?
Das weiß wohl niemand – vielleicht der Verkehrsminister, aber der hat es vermutlich vergessen.

Ab wann gilt ein Zug als unpünktlich?
Ab einer Verspätung von fünf Minuten und 59 Sekunden wird ein Zug in der Unpünktlichkeitsstatistik erfasst, ausgefallene Züge werden in diese Statistik nicht aufgenommen – logisch: Sie sind ja nicht unpünktlich.

Was bedeutet Fleischgewicht?
Ein Begriff aus der Sprache der Eisenbahner: die addierte Masse aller Fahrgäste im Zug.

Wann möchte die Bahn wieder ihre Pünktlichkeitsziele erreichen?
Im Jahr 2070 soll es einen »Deutschlandtakt« geben, der sicherstellt, dass die Züge so pünktlich fahren wie heute in der Schweiz.

Welcher Bahnhof gilt als schönster Deutschlands?
Der Leipziger Bahnhof gilt wegen seiner Architektur, seiner Nähe zur Innenstadt und seinen Einkaufsmöglichkeiten als schönster in Deutschland.

Wen nennt man »Pufferküsser«?
Ausdruck für Personen, die sich in ihrer Freizeit mit der Bahn beschäftigen – sei es mit Modelleisenbahnen, Dampflokomotiven oder als Eisenbahnfotografen.

Warum heißt der Schaffner »Schaffner«?
Der Begriff kommt aus dem Mittelhochdeutschen schaffenære – schaffen – und bezeichnet seit dem 19. Jahrhundert einen Beamten des einfachen Dienstes bei der Bahn oder bei der Post, der Aufseher- und Kontrollfunktion innehat. Offiziell heißen Schaffner nun bei der Bahn »Zugbegleiter«.

Welcher besondere Service wird im Berliner Hauptbahnhof geboten?
Wenn die Bahn von einem besonderen Service im Berliner Hauptbahnhof spricht, meint sie nicht ihre eigenen Dienste, sondern die einzige Apotheke Deutschlands, die an 365 Tagen rund um die Uhr geöffnet hat.

Welcher ist der nach Passagierzahlen größte Bahnhof Deutschlands?

Mit fast 600.000 Besuchern am Tag gilt der Hamburger Hauptbahnhof als der am meisten frequentierte Bahnhof Deutschlands.

Wie viele Bahnhöfe gibt es in Deutschland?

Laut Bahn 5.400 für ca. 21 Millionen Reisende und Besucher.

Ist Bahnfahren gesund?

Britische Forscher wollen herausgefunden haben, dass Pendler, die den öffentlichen Nahverkehr nutzen, einen deutlich geringeren Body-Mass-Index und niedrigere Körperfettwerte haben als Autofahrer. Ob es daran liegt, dass sie so oft Zügen hinterlaufen müssen, wurde in der Studie nicht erwähnt.

Wie viel Strom verbraucht ein ICE?

Laut einer Analyse der Bahn verbraucht ein ICE 4, der neueste und sparsamste Zug, 1570 Kilowattstunden pro 100 Zugkilometer, 1,89 Kilowattstunden pro 100 Sitzplatzkilometer. Zum Vergleich: Ein Elektroauto verbraucht durchschnittlich 15 Kilowattstunden auf 100 Kilometer. Die Angaben der Bahn werden allerdings von manchen Experten als viel zu niedrig erachtet.

Wie vergesslich sind die Bahnkunden?

Etwa 250.000 Gegenstände bleiben pro Jahr laut Bahnauskunft in Bahnhöfen und Zügen liegen. Neben Mützen, Schals, Mobiltelefonen und Kreditkarten wurden auch schon Gebisse, Brautkleider, Skier und Fahrräder gefunden. Mein Rucksack aber nicht.

Wie hieß der erste Lokomotivführer Deutschlands?

Der englische Ingenieur William Wilson fuhr die erste Eisenbahn Deutschlands am 7. Dezember 1835 von Nürnberg nach Fürth. 200 Ehrengäste waren zugegen, die Fahrtzeit für die Strecke von sechs Kilometern betrug 14 Minuten, Höchstgeschwindigkeit 28 Kilometer in der Stunde.

Wer hat Angst vorm Tunnel?

Eine der berühmtesten Eisenbahngeschichten in deutscher Sprache stammt von dem Schweizer Autor und Dramatiker Friedrich Dürrenmatt und heißt »Der Tunnel«. Einem Studenten, der oft ein und dieselbe Strecke fährt, fällt auf, dass der Zug ungewöhnlich lange in einem Tunnel unterwegs ist. Der Schaffner erklärt auf Anfrage, alles sei in Ordnung, doch dann findet der Student heraus, dass kein Lokomotivführer mehr an Bord ist und der Zug immer schneller abwärts in die Dunkelheit rast.

Wenn schon nicht zuverlässig – wie sicher ist die Bahn?
Die Bahn gilt als das sicherste Verkehrsmittel für die
Alltagsmobilität in Deutschland (Bahn, Auto, Bus).
Von 2013 bis zum Jahr 2022 betrachtet, ist das Risiko,
tödlich zu verunglücken, im Auto 53-mal höher als in
der Bahn. Vergleicht man die Personenkilometer, ist
das Risiko für schwere Verletzungen für Passagiere
im Auto sogar 140-mal höher als für Reisende im Zug.

Alle Bahnregeln auf einen Blick

BAHNREGEL 1: Nimm den erstbesten Zug, den du kriegen kannst – wer weiß, wann der nächste kommt.

BAHNREGEL 2: Mit allen Eventualitäten rechnen – heißt auch, Smartphone aufgeladen dabeihaben und bei Terminen vorher informieren, dass man mit der Bahn anreist.

BAHNREGEL 3: Ein Ziel ist erst dann wirklich erreicht, wenn man am Zielbahnhof ausgestiegen ist – ein Zug kann auch kurz vor der Einfahrt im Bahnhof liegenbleiben.

BAHNREGEL 4: Hast du einen wichtigen Termin, plane so, dass du einen Puffer von etwa drei Stunden hast. Bei wichtigen Abflügen eine Übernachtung am Abflugort einplanen!

BAHNREGEL 5: Wichtige E-Mails zuerst beantworten – der WLAN-Zugang kann von einer Sekunde auf die nächste verschwinden.

BAHNREGEL 6: Nimm einen Doppelstecker mit, falls du im Zug arbeiten willst. Erfahrungsgemäß ist jede zweite Steckdose defekt.

BAHNREGEL 7: Immer eigene Getränke dabeihaben! Eine Fahrt kann viel länger dauern als geplant, und darauf, dass das Bordrestaurant geöffnet ist bzw. genügend Getränke vorhanden sind, kann man sich nicht verlassen.

BAHNREGEL 8: Immer eigene Kopfhörer dabeihaben, will man nicht lange Beziehungstelefonate mitbekommen oder zuhören, wie etwa ein höchstdynamischer Bauingenieur aus seinem rollenden Büro seine Baustelle im Thüringer Wald managt.

BAHNREGEL 9: Nach Möglichkeit keinen Toilettengang aufschieben, falls die Toiletten in Betrieb sind – das kann sich im Laufe der Fahrt schnell ändern.

BAHNREGEL 10: Sei freundlich zum Personal an Bord. Die Bahnmitarbeiterinnen und -mitarbeiter können in der Regel nichts dafür, dass der Zug steht, dass ein Signal gestört ist, dass Kühe ein Gleis versperren usw.

Nachbemerkung und Dank

Während ich meine Bahnerfahrungen aus den letzten Jahren niederschreibe, findet die Fußballeuropameisterschaft in Deutschland statt, und einer weltweiten Öffentlichkeit wird vor Augen geführt, wie marode die Deutsche Bahn ist, so marode und unzuverlässig, dass sich selbst hohe Vertreter des Unternehmens entschuldigen müssen. Ein Beispiel des Versagens der Bahn von vielen in den letzten Wochen: Fast 200 Fans der österreichischen Nationalmannschaft erreichten das Spiel ihres Teams in Düsseldorf wegen Bahnausfällen erst in der 70. Minute. Die Bahn erklärte, sie würde den Schaden wiedergutmachen – und man fragt sich, wie solch eine Wiedergutmachung aussehen soll: Will die Bahn das Spiel irgendwann wiederholen lassen? Gibt es Freifahrtscheine für die Fußballfans? Oder kriegt jeder einen Lederball geschenkt?

Es steht zu hoffen, dass die Politik diese Blamage der Bahn zum Anlass nimmt, durchgreifende Veränderungen vorzunehmen. Wir Bahnkunden und auch viele engagierte Bahnmitarbeiterinnen und -mitarbeiter wollen diese dysfunktionale Bahn nicht mehr.

Mein Dank geht an den Kanon-Verleger Gunnar Cyny-bulk, der anregte, dass ich meine Erfahrungen mit der Bahn doch einmal aufschreiben sollte. Ein besonderer Dank gilt Michaela Rohn, die mich unzählige Male ge-rettet hat – morgens, wenn die S-Bahn ausfiel, abends, wenn mein Zug wieder weit nach Mitternacht in Köln angekommen ist.

ISBN 978-3-98568-146-4

1. Auflage 2024
© Kanon Verlag Berlin GmbH, 2024
© Reinhard Rohn, 2024
Umschlaggestaltung: Mawil / mawil.net
Illustrationen: © Mawil
Herstellung: Daniel Klotz / Die Lettertypen
Reihengestaltung und Satz: Ingo Neumann / boldfish.de
Druck und Bindung: Pustet, Regensburg
Printed in Germany

www.kanon-verlag.de